심리학이 모르는 기독교

| 임경수 저 |

학지사

머리말

수평적 문화로 바뀌고 있는 21세기 상황에서 나 자신을 돌아볼 때, 내가 얼마나 권위적이고 일방적인 문화 환경 속에서 성장하였는가를 조금씩 알게 된다. 기독교 신앙을 알게 되었고, 그 신앙이 지금껏 내가 살아가는 데 있어 매우 중요한 구조를 형성하고 있지만 과거와 현재를 돌아보면서 내가 이제껏 신앙하고 있었던 대상이 무엇이었을까 하는 생각을 자주 해 보곤 했다. 내 신앙에는 가정의 환경, 교육 그리고 이 나라의 내외적 환경 등이 영향을 미쳤을 것이다.

한국 기독교는 열정적인 신앙을 가지고 있는 반면, 또 그와는 대립적인, 반대되는 요소들이 많이 있다. 교단과 교회의 분열, 직분자들과 성직자들의 문제 등 이런 환멸적인 요소로 인해 최근에는 '가나안 교인' 이라는 사람들이 생겨났다고 한다. 이들은 신앙을 가지고 있으나 교회에 출석하지 않는 이들로, 소위 무교회주의를 표방하면서 계속 살아가거나, 언젠가 교회가 회복되면 교회로 복귀하겠다는 무리다.

이 책은 지난 수십 년간 신앙과 학문과 상담을 하면서 좌충우돌하는 과정에서 나 개인이 가졌던 사람과 신앙에 대한 느낌을 심리학

관점에서 써 내려간 글이다. 그래서 개인의 주관적인 생각이 많이 담겨 있으리라 생각한다. 그러나 또 한편으로는 객관적인 입장을 유지하면서 신앙과 사람을 생각해 봄으로써 21세기를 살아가는 기독교인들에게, 종교인들에게 기독교 신앙이 어떠해야 하는지를 피력하고자 하였다. 미력하지만 독자들에게 힘과 용기를 주는 책이 되기를 간절히 바란다.

책 내용과 구성에 도움을 준 아내 의선과 책 편집에 수고해 준 이하나 씨에게 감사함을 전한다.

2013년 6월

저자 임경수

일러두기

이 책에서 인용한 성서 번역본은 표준새번역 2003년도 초판본임을 밝혀 둔다.

차 례

Part 2 보편성과 특별성의 기독교

Part 3 열정과 함정

Part 4 관계성과 기독교

Part 5 새 피조물과 기독교

Part 1

심리와 신앙

Chapter 01 인간의 기본 심리와 신앙

Chapter 02 돌봄과 성장에 관한 성서적 근거

Chapter 03 정서와 신앙생활의 함수

Chapter 01

인간의 기본 심리와 신앙

사람이 가진 기본적인 심리 욕구도 시대에 따라 변할 수 있는 가능성이 있다. 여기서는 최소한 현 시대에 있는 사람들의 기본적인 심리 욕구가 어떤 것인가를 알아보려고 한다. 하나님은 인간을 창조하셨고, 그 설계를 운영하는 기본적 원칙을 가지고 있다. 필자는 그렇기에 하나님이 인간이 가진 갈망과 욕구를 충분히 이해하고 수용한다고 믿는다. 그래서 하나님의 뜻과 인간이 가진 기본적인 심리 욕구에는 어떤 갈등도 없다.

심리학자 알프레트 아들러(Alfred Adler)는 사람이 가진 기본적 심리가 안전(security), 완전, 성공이라고 생각했다. 사람이 안전을 갈구하는 가장 큰 이유는 인생이 불안에서 시작이 되기 때문이다. 심리학자 오토 랭크(Otto Rank)에 의하면 사람이 태어나면서 울음을 터트리는 가장 큰 이유는 불안이 발생하기 때문이라고 본다. 모태

(母胎)라는 안전한 곳에서 바깥세상으로 자리를 이동해야 하는 불안감은 우리가 한국에서 낯선 나라로 이민을 가는 것과 비교가 될까? 이민을 떠나는 공항에서는 지인들과 친지들이 함께 불안을 나누기도 한다. 모태 환경과 너무 다른 환경은 유아의 오감에 위협적으로 다가온다. 온도 차이, 모태와 같지 않는 밝은 낯선 빛, 들리는 소리의 차이, 그리고 색다른 호흡이 시작된다. 이러한 버거움과 환경의 차이는 인생을 불안해하며 시작하게 한다.

아들러가 언급한 세 가지 심리는 돌봄과 성취의 심리라고 이해할 수 있다. 첫째로 돌봄에 대하여 알아보자. 불안은 태생부터 시작되지만, 이러한 불안은 아이를 돌볼 수 있는 부모나, 부모를 대신하는 양육자의 돌봄(caring)을 통해서 감소되거나 또는 더 악화될 수 있다. 철학자 마르틴 하이데거(Martin Heidegger)는 인간을 우주에 내던져진 존재라는 표현을 했다. 우리가 왜 이 세상에 태어나 살아가는지에 대한 답이 불확실하다는 것이다. 출생 자체가 불안에서 시작되는 인생은, 어떤 경우에는 후천적인 환경의 열악함으로 인해 존재근거의 뿌리가 흔들리게 된다. 왜 태어났는지에 대한 의문은 그 사람을 둘러싼 생물 환경학적 여건이 어느 정도 긍정적일 때 답을 조금씩 찾을 수 있는 것이다.

불안은 한 인간이 존엄성을 가지고 이 세상을 살아가는 뿌리를 뒤흔드는 부정적인 요소다. 물론 이 세상을 살아가는 사람들 중 불안이 없는 사람은 없다. 여기서의 불안은 불안 정도의 문제다. 우리 각각은 어느 정도의 불안을 가지고 살아간다. 그러나 너무 많은 불안은 인생의 순조로운 출발을 더디게 한다. 이 불안을 잠식시켜 주고,

세상이 밝고 희망을 가질 수 있으며, 도전과 꿈을 가질 수 있다는 확신은 부모나 주된 돌봄자가 양육을 통해서 각 인생에게 주는 것이다.

하나님이 이 세상에 어머니를 주신 것은 하나님이 각 사람을 일일이 보살필 수 없기 때문에 허락한 것이라는 말이 있다. 이러한 점에서 부모들의 주된 역할은 불안 가운데 이 세상에 출생한 아이들에게 희망의 메시지를 줄 수 있는 돌봄을 제공하는 것이다. 돌봄을 제공받은 사람들, 즉 일관성 있는 관심과 사랑, 사랑의 훈육을 받은 사람들은 거친 세상 속에서도 희망을 잃지 않는다. 암흑 중에서도 빛을 보려고 하고, 열악한 상황 속에서도 희망을 보려고 한다. 설혹 의미가 없는 상황이 있을지라도, 과거나 현재의 상황에 대한 불평보다는 의미를 만들어 내어 현재를 극복하려고 하는 것이다.

실존주의 심리학자 빅토르 프랑클(Victor Frankl)은 『죽음의 수용소에서(*Man's search for meaning: an introduction to logotherapy*)』라는 책으로 우리들에게 널리 알려진 학자다. 그는 제2차 세계대전 때 가족 대부분을 유태인 집단 수용소에서 다 잃었다. 단지 유태인이라는 이유 때문에 수용소에서 죽어야 하는 참혹한 상황에서 그가 생존할 수 있었던 것은 그가 가진 희망 때문이었다. 그 희망은 자신이 이 수용소에서 겪은 모든 것을 전 세계인에게 알리는 것이었다. 그래서 그는 몇 가지 실천사항을 만들었다. 희망과 도전을 위해서는 구체적인 실천사항이 있고 거기에 따른 준비가 필요한데, 수용소에서 그는 아무도 자신을 보는 사람이 없음에도 불구하고 수염을 깎았고, 노동 중에도 틈틈이 대자연의 경관인 석양을 보았으며, 감옥 생활에서 메마른 정서를 채우기 위해서 독일군 막사에서 흘러나오는 악기 연주 소리를 들으면서 생활하였다. 그가 가진 희망에 대한 철학은 매우 적극적이다. 왜 나에게 이러한 비극적인 삶이 다가왔는지 알 수는 없지만, 인간은 의미가 중요하기 때문에 어떠한 상황에서도 자신의 생존을 위해 의미를 창출해 내는 과정이 필요하다고 보았다. 억울한 수용소 생활이 왜 생겼는지 알 수 없지만, 현재를 생존하기 위해 스스로 의미를 만든 것이다.

부모나 어떤 사람이 우리에게 돌봄을 제공한다는 것은 우리가 살아가야 하는 이유에 대한 희망의 메시지를 주는 것이다. 돌봄이 중요한 것은 사람의 초기 성장 과정뿐만 아니라, 중년기 이후 본격적으로 개인과 사회를 위해 돌봄을 제공해 주는 주체로 성장하는 데 결정적인 영향을 미치기 때문이다. 우리는 보는 만큼, 경험한 만큼 말할 수 있고, 그것을 표현할 수 있으며, 가르칠 수 있고, 배려할 수 있다. 경험이 있는 만큼 사람과 세상에 대하여 알 수 있다. 부모와 주된 돌봄자로부터 사랑과 관심을 받은 만큼 후에 사회에 그 정신적 유산을 돌려줄 수 있다. 돌봄을 받는 사람이 돌봄을 돌려주려는 욕구를 가질 수 있다. 우리가 돌봄을 받는 중요한 목적은 불안에 대한 안정을 누리고 희망을 가지는 데 있지만, 나이가 들어 돌봄을 환원하면서 우리가 왜 살아가는지, 인간의 의미가 무엇인지, 하나님이 나라는 존재를 이 세상에 왜 보내셨는지에 대한 답을 얻을 수 있다.

둘째는 성공에 대한 기본 심리다. 성공은 곧 자기실현을 의미한다. 한 개인이 이 세상에 태어나서 자신이 하고 싶은 일을 하고, 그 업적을 통해 사람들로부터 인정을 받는다. 성공은 두 가지 관점에서 볼 수 있다. 누가 뭐라고 해도 자신이 하고 싶은 일을 하는 주관적 성공과 자신이 한 일을 통해서 다른 사람들로부터 인정을 받는 객관적 성공이다. 주관적 성공이 필요한 것은 개인이 가진 취미, 성향 등이 포함되어 있기 때문이다. 객관적 성공은 사람이 나 혼자만 사는 것이 아니라 사람들과 함께 사는 것이고, 인간은 사회적 존재이기에 필요하다.

20여 년 전에 한 노인분이 운전면허를 획득했다. 당시에는 여성 운전자가 드물었고, 더구나 60대 연령층의 여성 운전자는 거의 없었다. 자녀가 구입해 준 차를 직접 운전하여 그리 멀지 않은 교회를 다녔다. 그런데 어느 날 차가 정지신호에 정지하고 있을 때 지나가는 젊은이들이 나이 든 여성 운전자가 운전대를 잡고 있는 것을 보고 감탄을 하더라는 것이었다. 이렇게 사람들이 자신이 운전하는 모습을 보고 존경하는 눈으로 바라볼 때마다 그분은 운전대를 더 우아하고 품위 있게 잡으면서 만족감을 느낀다고 했다. 이 역시 조그마한 자기성취의 기쁨이다.

돌봄은 성장 과정에서 필수적인 요소이지만, 사람은 돌봄만이 아니라, 자신이 목표로 한 것을 성취하는 기쁨을 가지고 살아야 건강한 심리를 가질 수 있다. 만일 성취에 많은 실패를 하고, 이 실패의 아픔을 승화하지 못했다면 그것은 평생에 큰 정신적인 짐이 될 수 있다. 예를 들어, 중년의 심리학에서는 인생의 전반을 성취가 목적이 된 가치를 가지고 살고, 중년부터 노년까지는 이타성을 중심으로 살아가는 인생이 건강한 인생을 살 수 있다고 본다. 이러한 인생에서 진정한 자기를 찾아가는 과정을 개성화(individuation)라고 하는데, 이 개성화를 할 수 있는 사람은 인생 전반에 자신이 목표로 한 것을 어느 정도 이룬 개인이라고 본다. 주관적/객관적 성취를 이루지 못한 사람은 중년이 되어서도 성취에 목말라 하고, 성공을 갈구하기 때문에 진정한 개성화의 작업에 자신을 몰두하지 못한다. 개성화의 중요한 목표는 이타성이다. 자신의 것을 이웃을 위해 쓸 수 있는 존재가 되기 위해서는 심리적으로, 외적으로 목표한 것을 이룬 사람이 더 유리하다.

아동을 보면 앞에서 한 심리 이야기에 대한 이해가 더 빠르다. 부모로부터 바른 돌봄과 양육을 받은 아동은 부모가 일이 있어 자기와 잠시 떨어지는 것에 대해 두려워하지 않는다. 물론 잠시는 섭섭하겠지만 이내 마음을 추스르고 자신의 일을 하거나 다른 아이들과 어울려 논다. 이 아이는 부모가 잠시 떨어져 있겠지만 조금 후에는 다시 자기에게로 올 것이라는 알기 때문이다. 이것은 부모가 늘 자신의 주변에서 돌봄을 제공했으니 또 그렇게 할 것이라는 믿음을 가지고 있는 것이다.

어머니의 젖을 충분히 공급받은 아이는 이제는 잠을 자거나 자신의 주변을 돌아볼 마음의 여유를 가지게 된다. 그러나 음식을 충족하게 공급받지 못하고 불규칙적으로 제공받으면 늘 마음속에 음식에 대한 갈망이 있다. 그 음식이 자신의 입에 들어왔을 때는 계속 먹고, 또 먹는 습성을 가지게 되는 것이다. 언제 또 이 음식이 나에게 올 것이라는 보장이 없기 때문에 음식에 과도한 집착을 하는 것이다. 아이가 부모에게 달라붙어 떠나지 않으려고 하는 것, 부모가 자신과 떨어지려고 하면 소스라쳐서 우는 아이들은 이전에 이미 이러한 분리의 공포를 아프게 경험한 아이들이다. 그래서 부모가 사라질 것이라는 공포감과 불안을 가지고 있기 때문에 환경과 주변에 적응하여 놀고, 탐색을 할 정신적 여유가 없다. 오히려 음식에 대한 탐욕, 부모를 나만 차지하려는 독점욕을 가지게 되고, 부모가 다른 형제나 아이에 대한 관심을 가지는 것에 시기심과 질투를 가지게 된다.

한 시각장애인 소녀가 TV에 출연하여 피아노 치는 것을 보았다. 어려서부터 피아노에 관심을 가지고 있었고, 천부적인 절대음감을 가지고 있었다. 그런데 이 소녀는 자신이 피아노를 칠 때마다 마음이 즐거워지고, 행복하다고 했다. 우울할 때도 피아노를 치면 우울한 마음이 없어지고 행복을 느낀다고 했다. 그리고 자신이 작곡한 곡을 연주하는데 그 음악을 들은 관객들이 눈물을 흘리고, 코 끝이 찡해지는 체험을 했다. 우리가 잘하는 것, 좋아하는 것은 우리의 성장을 도울 수 있다. 좋아하는 것을 해야 잘할 수 있고, 그 결과를 통해서 주변에 있는 사람들이 감동을 받는 것이다. 이러한 과정을 통해서 하나님의 뜻이 개인과 사회에 실현되는 것이다.

우리는 과거에 하나님의 뜻을 위해서 개인의 성향을 복종시켜야 한다는 생각을 한 적이 있다. 싫더라도 억지로 해야 하는 구레네 시몬의 십자가의 교훈을 말하기도 했다. 그럴 수도 있다고 생각한다. 그러나 크신 하나님은 우리 개인의 특성을 존중해 주시는 세밀하신 하나님, 짧은 인생을 살아가는 우리들이 행복해지기를 바라시는 하나님이다. 한 유대 랍비가 이런 말을 했다. 인생이 죽어 하나님 나라에 갔을 때 하나님은 우리에게 단 한 가지 질문을 한다고 했다. 우리가 살아생전 하고 싶은 일을 하고 왔느냐는 것이다. 그래서 우리에게 내가 가장 좋아하는 일이 어떤 것인가를 알고 개발하는 것은 매우 중요한 일 중 하나다. 모든 초기 학업은 이러한 것을 발견하고 그 기초를 위한 학업 과정이 되어야 한다. 우리가 좋아하는 일을 적극적으로 해야 그것을 통해서 하나님의 영광이 나타나는 것이다.

하나님은 인간의 기본 심리인 돌봄과 성장에 대한 필요를 인정하고, 수용하는 하나님이다. 실제로 사람은 돌봄과 성장을 체험한 사람이 건강하게 다음 단계에 대한 도전과 실험을 시도할 수 있다. 그래서 우리는 하나님의 일을 하기 전, 이 세상을 살면서 어린 나이부터 부모로부터의 돌봄, 하나님이 자신을 돌보고 있다고 느낄 만한 적정한 돌봄을 공급받아야 한다. 그리고 이것을 바탕으로 자신이 가장 좋아하고 잘할 수 있는 것을 개발하고, 그것을 통해서 인생살이의 기본적 성공과 성취를 가져야 한다. 자신이 지금 하는 분야에 정말 소질이 없는데 거기에 붙어서 그 일을 계속해야 할 이유는 없다. 지금 하는 일이 전문적 사역이든, 직업이든 중요한 것은 이 일을 통해서 돌봄과 성장이 체험이 될 수 있는가 하는 문제이고, 하나님도 이 돌봄과 성공을 도외시하지 않는다. 왜냐하면 이것은 인간이 호흡하는 동안에 가장 기본적인 필요 욕구가 창조 때부터 이미 있기 때문이다. 그래서 돌봄과 성공을 배제시키는 것은 하나님의 뜻과 대치되는 것이라고 생각한다.

건강한 교회와 사회는 모든 계층의 사람이 남녀노소를 불문하고 사회생활과 신앙생활을 하면서 자신이 소속된 단체에서 돌봄과 성장을 체험하는 곳이다. 돌봄과 성장의 사회적 구조, 신앙의 구조는 개인이 자신이 가장 좋아하는 일을 하도록 유도한다. 하지만 우리는 사회나 학교가 우리에게 부여해 준 이상적인 학교, 직업을 택하도록 강요하는 시스템 속에 살고 있다. 물론 그렇게 살아서 어느 정도 행복을 느낄 수는 있겠지만, 개인과 가정, 교회가 더 건강해지려면 자신이 가장 잘할 수 있고, 그 일을 할 때 행복감을 느낄 수 있는 길, 그러한 직업을 유도해 주어야 한다. 흔히 사회적 가치와 가족의 관점에서 직업을 택한 사람들은 이 세상을 살아가면서 경직되어 있고, 하루하루 포장된 허구 속에 살고 있는 것과 같은 느낌을 받는 경우가 많다고 한다. 인간에게 근원적인 뿌리가 되는 돌봄과 성장에 연결되기보다는 사회가 만들어 준 가치에 치중하여 선택했기 때문이다. 이러한 상태에서는 늘 가진 것, 배운 것, 배경 등을 기준으로 자신과 타인의 가치를 판단하며 살아간다. 인생의 전반에 이러한 가치기준이 살아가는데 편리한 것 같고, 의미가 있을 것 같지만 인생의 전반이 끝날 시점부터는 우리들에게 혼란이 발생한다. 왜냐하면 이것은 하나님이 우리에게 만들어 해 준 자연적 법칙에 반하여 살아간 것이기 때문이다.

한국 양궁 대표팀을 훈련시킨 사람이 미국의 초청을 받아 그곳 양궁 선수들을 훈련시켰다. 그런데 이 훈련 과정에서 깨달은 세 가지가 있었다. 누가 훌륭한 선수가 되어 금메달을 목에 걸 수 있는가에 대한 것이다. 천부적 재능을 가지고 태어난 선수가 있다. 이 천부성은 평범한 사람이 도달하지 못하는 수준이다. 그래서 처음에는 확연한 차이가 난다. 그런데 이 천부성을 가진 선수보다 더 뛰어난 선수는 노력하는 선수다. 노력하는 자를 천부성을 가진 사람이 이길 수가 없다. 그리고 이 노력하는 선수보다 더 뛰어난 선수는 양궁을 즐기면서 하는 선수라고 한다. 일을 즐기면서 하면 그것만큼 능률적인 것이 없다는 의미다. 자신이 하는 일이 즐거워야 가장 높은 능률을 얻을 수 있다.

내가 가장 잘 할 수 있는 일, 즐거워할 수 있는 일을 해야 한다. 여기에는 직업의 좋고 나쁨이라는 가치는 필요하지 않다. 혹 사회적으로 자신이 하는 일을 조금 귀하게 여기지 않더라도 그것을 좋아하고 즐겨할 수 있다면 해야 한다. 왜냐하면 내가 즐겨 할 수 있는 일은 하나님이 만들어 주신 나의 심리 구조에 가장 적합한 일이기 때문이다. 월급이 많더라도 즐거움이 없다면 장기적으로는 개인에게 불행이다. 즐거움을 가지고 일에 종사하는 사람들은 주위 사람에게 감동을 준다. 말 한 마디 한 마디, 그리고 얼굴에 웃음과 여유가 있기 때문이다.

일의 즐거움과 보람은 개인과 가족에게 영성을 허락한다. 인간은 공간과 시간의 제약 안에 한 세상을 살고 있다. 이 한계성이 있는 공간과 시간에서 어떠한 구도를 가지고 살아 가는냐가 인생에 행복과 즐거움을 줄 수 있는 것이다. 너무 많은 경쟁과 생존을 위협하는 상황들은 사회적 공간의 질서를 어지럽게 할 뿐 아니라 개인의 공간까지 위협하기에 삶이 행복하지 않다. 가시적 공간 안에도 적합한 건물, 자연, 사람이 제 위치에서 적당한 간격을 가지고 살아가는 모습이 가장 보기가 좋다. 촘촘하고, 호흡할 수 없을 정도로 가득찬 빌딩 안에서 우리가 키우는 가치는 돌봄 대신 경쟁이 훨씬 클 수가 있다.

돌봄과 성취는 양축이다. 어느 한쪽만 일방적으로 강해서는 문제가 된다. 돌봄만이 강하고 상대적으로 성취라는 것이 없으면 사람은 균형 상실로 인해서 왜곡되거나 비균형적인 정신 구조를 가지기 쉽다. 성취만 있고 돌봄이 없는 형태의 삶은 먹기는 하는데 적합한 배출을 하지 않는 몸의 구조와 같다. 그래서 이 두 가지의 완벽한 균형을 이루기는 어렵겠지만 이 두 가지를 조절하여 긍정적인 경험을 하는 것이 좋다. 예를 들어, 돌봄을 여성적인 경향으로 생각하고, 성취를 남성적인 성향으로 본다면 이 두 가지의 균형을 가지는 사람이 가장 건강한 심리 구조를 가지는 것이다.

Chapter 02

돌봄과 성장에 관한 성서적 근거

돌봄과 성장에 대한 욕구는 우리가 신앙을 가지기 이전에 인간 내면에 코드화된 요소다. 이 말은 기독교에 대하여 사람들에게 소개할 때 인간이 가진 이 두 가지 욕구에 대한 이해를 가지고 신앙생활을 하는 것이 필요하다는 뜻이다. 필자는 하나님이 신앙 이전에 모든 인간에게 형성되어 있는 돌봄과 성장에 대한 인간의 본능에 대하여 존중 하신다고 생각한다. 즉, 이것이 하나님이 인간을 창조하실 때 정하신 내면의 규칙이기 때문에 그분은 이것을 기초로 하여 자신의 섭리를 펼쳐 나가시며, 이 두 가지 원칙을 어떤 다른 원리보다 우선으로 한다는 점이다.

우리가 누군가로부터 돌봄을 받는다는 느낌은 '공감(empathy)'을 가진 사람들의 마음으로부터 전달된다. 공감이라는 단어의 의미는 '남의 신을 신어 본다(get into one' s shoes.).' 라고 한다. 남의 신을 신어 본다는 것은 일차적으로 자신의 신을 벗어야 하는 것이다. 내가 가진 편견과 오만을 다 내려놓고 상대방의 입장에 서본다는 말이다. 내가 가진 편견은 남을 사랑하지 못하게 하고, 내가 가진 오만은 남이 나를 사랑하지 못하게 하는 것이다. 하나님 창조의 본질에서 벗어난 인간의 방종은 인류 문화에 편견과 오만을 더했고, 우리는 그러한 문화에 적응하여 익숙하게 살아가고 있다. 그래서 남의 입장에서 생각해 보고 그 상황을 이해하는 데 몹시 어려움을 느끼고, 때로는 그런 입장에 서보려고 하지 않고 자신의 입장에서만 생각을 한다. 이러한 편견과 오만이 우리의 인간관계를 어렵게 만들고 있다.

신학자 라인홀트 니부어(Reinhold Niebuhr)도 오만과 편견에 대한 비슷한 표현을 했다. 사람이 권력이나 힘을 가지려는 가장 큰 이유는 권력과 힘이 없는 사람들에게 이것들을 사용함으로써 힘 없는 사람들이 자신들의 밑에서 고통을 받는 것, 복종하는 것에 대한 쾌감을 느끼려는 죄악된 인간의 모습이라 했다. 그리고 이러한 인간의 문화 구조 속에서 형성된 모든 가치관과 이념은 죄성을 가진 인간들의 개인이기주의와 집단이기주의에 의해서 어느 정도 오염되어 있다고 한다. 그러기에 이러한 오염된 가치관을 정화하고, 하나님의 뜻을 찾기 위해서는 사람이 사는 현장과 부딪히면서 참된 가치를 찾아야 한다. 필자는 그렇게 함으로써 인간의 오만과 편견을 조금이나마 극복할 수 있다고 생각한다.

공감(共感)과 예수 그리스도의 생애

공감은 남의 입장에서, 상대방의 입장에서 세상을 보는 것이다. 이 공감의 첫 번째 모습이 경청이다. 경청, 즉 세심하게 잘 듣는다는 것은 기독교적 용어로 '거룩한 들음' 이다. 말하기 쉬운 세상이고, 자기를 표현하는 방법을 적극적으로 가르치는 교육 구조 속에서 경청은 간과하기 쉽다. 예를 들어, 우리는 기도를 하지만, 하나님이 우리의 마음을 통해서 어떻게 말씀하는지에 대해 기다리는 경청하는 자세는 부족하다. 그래서 모든 인간 세상의 원리는 경청보다는 자기 말을 많이 하도록 되어 있다. 너무 많은 말은 영성을 마르게 하고, 때로는 우리가 책임질 수 없는 말과 과장된 말, 급기야는 자신을 포장하는 말을 하는 사람이 되도록 변질 시킨다.

남의 입장에 서 본다는 것은 마음의 공간이 있다는 것이다. 마음의 공간이 있는 것은 영성이 있는 것이다. 경쟁적인 세상과 성공이라는 획일적 가치관에 파묻히면 마음의 공간이 없어진다. 도시 안에 빽빽하게 상업용 건물이나 주거용 아파트만 있다면 우리는 마음의 여유를 잃어버릴 것이다. 우리보다 도시문명이 더 발전한 서구의 도시에는 푸른 나무와 정원, 그것들이 주거시설과 잘 조화된 모습을 볼 수 있다.

남의 입장에서 본다는 것은 세상을 획일적으로 보지 않고, 다양하고 객관적인 시각에서 우리가 가진 현재를 객관적으로 보려는 시도다. 우리보다 앞선 선진국들은 이미 오래전에 다문화 정책을 가지고 있었고, 그것을 국민들의 정서에 심으려고 노력했다. 후진국으로 갈수록 폐쇄적인 자기중심적 사고를 가지고 있을 가능성이 크다. 미국은 이민사회다. 세계 각국에서 온 이민자들이 형성한 나라다. 그래서 미국을 '끓는 가마(melting pot)' 라고 표현하고, 이 끓는 가마 속에 세계에서 온 다양한 사람들이 함께 살아간다. 다양한 인종으로부터 나오는 문화와 종교로 인해 복잡할 것 같지만, 이 나라는 모든 사람에게 적용하는 두 가지 원칙을 가지고 있다. 첫째는 법에 대한 준수다. 어느 누구에게도 가능한 공정한 법을 적용하는 원칙을 중요하게 생각한 또 자신들이 속해 있는 공동체에 대한 관심과 참여를 유도한다. 이 원칙하에 미국은 각국의 다양한 문화의 장점과 인재들의 다양한 시각을 수용한다.

필자가 오래 전 가족과 함께 저녁 식사를 한 후 집으로 돌아가는 도중에 길거리에 엎어져 있는 중년 남자를 본 적이 있었다. 무심결에 지나쳤는데 잠시 후 뒤돌아보니 발목이 차도 쪽으로 나와 있어서 다시 그 사람에게 가서 다리를 인도 쪽으로 잡아당겼다. 그는 누군가 자신을 만지는 것을 알고는 비틀거리며 일어났다. 술을 마신 것이 분명했다. 그런데 이 사람이 누구냐고 물어보기에 당신의 발목이 차도로 나와 있어서 위험할 것 같아 몸을 잡아 당겼다고 이야기를 했다. 이 사람의 술에 취한 커다란 눈이 나를 보더니 "아저씨 같은 사람이 다 있네요."라고 말하면서 눈에 눈물이 그렁그렁해지는 것이 아닌가. 순간 당황은 되었지만, 누구도 관심을 가지지 않는 자신에게 도움을 주었다는 것 때문에 그러는 것 같았다. 그는 자신의 직업이 무엇이고, 어떻게 살아 왔는지, 왜 쓰러졌는지에 대해 설명하기 시작했다. 이야기를 들은 후 그 사람을 택시에 태워 보내고 생각을 해 보았다. 단지 위험할 것 같아서 잡아 준 것뿐인데, 그는 왜 눈물을 흘렸고, 왜 자신의 인생의 아픔을 나에게 이야기를 했을까. 길거리에서 우연히 만난 경우이지만, 누군가 자신에게 관심을 가진다는 것은 개인의 마음에 있는 짐을 다 말할 수 있는 기회를 제공한다. 말을 한다는 것은 자신을 드러냄으로써 치료의 시작이 된다. 말하지 않는다는 것은 아직까지 마음을 닫아 놓는 것이다. 바울이 고백한, 말로 시인하여 구원에 이른다는 말을 새겨들을 필요가 있다.

상담심리학자 칼 로저스(Carl Rogers)는 경청에 대한 중요한 관점을 제공한다.

> 내 말에 누군가가 귀를 기울이고 있을 때, 내 말을 누가 듣고 있을 때, 나에게 주어진 세상을 새로운 방법을 가지고 재인식하며 앞으로 나아갈 수 있다. 누군가 내 말을 경청할 때 풀릴 것 같지 않은 일들이 풀리고, 고쳐질 수 없는 혼돈들이 비교적 분명한 흐름으로 바뀌는 것은 놀라운 일이다. 나는 이러한 민감하고, 공감적이고 집중된 경청의 시간에 대하여 마음 깊숙한 곳으로부터 감사한다.[1]

공감의 첫 번째 단계인 경청은 예술이다. 예술이란 어떤 단계에 도달한 경지를 의미한다. 그래서 경청은 신앙의 깊은 영적 성숙에서 발생하는 결과다. 삶의 고통을 지닌 사람들이 자신의 이야기를 경청해 줄 수 있는 사람을 만나면 자신들의 문제를 재인식할 수 있는 내적 힘이 생긴다. 그리고 풀리지 않을 것 같은 문제가 풀리고, 혼돈들이 분명해질 수 있다는 것은 이 원리를 우리의 몸과 정신에 조형해 둔 하나님의 원칙인 '돌봄' 에 일치하는 것이다. 그런데 만일 자신의 고통스러운 이야기를 들어 줄 사람이 없거나, 듣는 사람이 오만과 편견 속에서 듣는 척만 한다면 어떤 일이 발생할까? 오만과 편견을 가지고 듣는 사람은 자신 멋대로 상대방의 이야기를 해석하고 조작함으로써 말하는 사람의 내적 마음 구조가 기괴(bizarre)해지고, 더 이상 자신의 이야기를 말하려 하지 않으며, 자신의 내부 세계에 자신을 가두어 버린다. 말함으로써 상처 입는 것보다, 들어 주는 사람의 편견과 오만으로 상처를 더 입기보다, 그냥 자신의 내부에서 나오지 않는 것이 더 편하고, 자신을 보호하는 것이라고 여기기 때문이다.[2]

다른 사람의 인생사를 경청하며 듣는 것은 경청하는 이의 마음을 하늘의 뜻에 닿게 한다. 우리는 개인의 주관적 세계에 빠져들기 쉬운데, 다른 이의 이야기를 경청함으로써 경험의 세계를 넓힐 할 수 있다. 그래서 기독교 상담심리학자 도널드 캡스(Donald Capps)는 우리가 하나님의 이야기를 알 수 있는 방법은 '개인의 이야기+이웃의 이야기=하나님의 이야기' 라는 도식이라고 말한다. 힘 있는 개인이나, 말 잘하는 개인만이 주장하고 말하는 것은 개인의 독단적 이야기이지, 하나님의 이야기가 아니다. 우리를 향한 하나님의 이야기를 알려면 나의 이야기만이 아니라, 이웃의 이야기가 무엇인지 경청할 때 비로소 희미한 하나님의 뜻이 서서히 알려지게 된다.

> 내가 진정으로 남의 이야기를 들을 때, 이것은 나와 그 사람이 공감을 가지게 한다. 진정한 들음은 나의 삶을 풍요롭게 한다. 남의 이야기를 듣는 것을 통해 나는 사람, 성격, 그리고 사람들 상호관계성에 대하여 알고 있는 모든 것을 배웠다.[3]

신분사회와 계급사회에서 개인의 신분 변화는 불가능했다. 신분사회의 특징은 결정론이다. 개인의 모든 것이 이미 결정되어 태어나고, 그 상태로 평생을 살아야 한다. 지탄받는 사람이 되고 싶어 하는 사람이 있었을까. 한 번 세상에 태어나서 남들에게 인정받고, 떳떳한 직업을 가지고 살아가고 싶지 않은 사람이 어디 있을까? 그런데 이러한 꿈은 태어나면서부터 제한받고 만다. 그래서 철학자 하이데거는 인간은 우주에 내던져진 존재라고 정의했다. 이 말은 우리가 자의적으로 이 세상에 태어나지 않았다는 것이고, 우리가 결정해서 이 세상에 존재하는 것이 아니라는 의미다. 피부색, 외적인 상태, 신체상태, 남녀의 성, 부모에 대한 결정 등 모든 것이 이미 나라는 주체와 관계없이 이미 결정된 환경에 나는 그냥 던져진 존재라는 것이다. 그래서 어떤 사람은 태어나 보니 너무나 좋은 부모 밑에서 성장을 하고, 어떤 아이는 태어나 보니 중독자에 폭력적인 부모 밑에서 학대를 받으면서 자라기도 하고, 어떤 아이는 부모가 자신을 버려 고아로 이 세상을 살아가기도 한다. 이러한 너무나 다양한 인간의 모습을 한 가지 획일적인 잣대로 본다는 것은 너무 큰 모순이다.

예수님 시대 이 모순의 가장 큰 피해자는 세리와 죄인의 무리였다. 이들이 직업 때문에 받은 비난은 당시 종교인들이 바라보는 획일적인 가치관 때문이었다. 사람은 깨끗해야 하고, 바른 직업을 가져야 하고…… 누군들 바람직한 직업을 가지기를 원하지 않는 사람이 있을까. 불가피한 삶의 운명이 사람을 사람 되지 못하게 하는 경우가 과거에 있었고, 지금도 있다. 예를 들어, 2000년 전 여아가 부모를 잃고 고아로 자랐다면 생존하기 위해 할 수 있는 일이 얼마나 되었을까? 오늘날에도 여성에 대한 직업평등이 아직 제대로 이루어지지 않은 상태인데 2000년 전에 그러한 조건을 가지고 태어난 아이는 무엇을 할 수 있었을까?

현대 심리학에서는 인간에게 가장 영향을 많이 미치는 요소는 부모라고 본다. 부모가 가진 품성, 가치관, 생활의 정도는 아이들에게 절대적인 영향을 주는 요소다. 아동정신과 의사였던 존 볼비(John Bowlby)의 관찰에 의하면 양심과 도덕은 부모가 존재로 형성된다고 한다. 부모를 전쟁으로 잃은 아동의 상태를 관찰한 결과, 그 아이들은 사람을 보아도 웃지 않고, 음식을 적게 먹고, 먹어도 신체 발달에 도움이 되지 않고, 자발성이 낮으며, 쉽게 병에 노출된다고 했다. 구석에 머무르고, 음식섭취 시에도 음식을 식탁 위에 흘리며, 누가 자신의 몸을 건드려도 저항 없이 그냥 두고, 말을 거의 하지 않으며, 또래 집단에 어울리기가 어렵다는 것 등이다.[4]

정신분석을 공부하는 사람들은 흔히 종교의 역할에 대하여 그동안 큰 관심을 가지지 않았다. 그런데 필자는 볼비의 책에서 '영적' 이라는 단어를 발견하였다. 그는 아동에게 '영적 자양분(spiritual nourishment)' 과 '영적 고독(spiritual solitude)' 이 있다고 적었다. 영적 자양분이라는 것은 성장 과정에서 어머니가 자녀들에게 제공하는 '사랑과 즐거움(love and pleasure)' 이라고 했다. 필자는 이 표현을 매우 좋아한다. 우리 기독교인들은 '영적' 이라는 표현을 매우 신비로운 영역의 것으로 여겼는데 보울비는 정신과의사로서 '영적' 이라는 표현을 매우 현실화한 것이라고 생각한다. 물론 '영적' 이라는 의미에는 정말 신비한 영역이 있다. 그러나 영적인 것이 현실적 생활과 동떨어져 있으면 너무 외진 곳으로 치우치게 된다. 짧은 인생, 하나님도 우리의 인생이 인생의 기초가 되는 부모로부터 사랑과 즐거움을 누리면서 살기를 간절히 바라고 있다. 한편 보울비가 말한 영적 고독은 부모로부터 받아야 할 돌봄이 상실되거나 박탈된 경우를 의미한다. 이렇게 되면 그 아동의 마음은 평생 고독한 마음을 가지고 살아가게 된다.[5]

부모에 대해 자녀들이 가지고 있는 이미지는 신앙생활을 하는 데 있어 하나님의 이미지와 비례한다는 조사까지 있다.[6] 부모가 자신들에게 방관자이거나 학대자였으면 신앙생활을 하면서 하나님에 대한 이미지도 그렇게 가질 확률이 높다는 것이고, 좋은 부모였으면 하나님에 대한 이미지도 그렇게 느낄 확률이 높다는 것이다. 인생을 100m 달리기로 비유한다면, 부모 없이 고아로 이 세상을 살아가는 것은 100m 후반에서 시작하는 것과 같지 않을까? 그런데 신분적이고 획일적 사회구조에서는 다양한 사람들의 다양한 삶의 이야기를 경청하기 보다는 획일적인 인간관에 더 쉽게 관심을 갖기에 세리와 죄인들의 이야기에 귀를 기울이지 않는다. 예수님은 겉으로 드러난 것을 가지고 사람을 판단하지 않았다. 사람을 겉으로 판단했으면 세리와 죄인들이 예수님의 친구가 되지 못했을 것이다.

사도 바울은 예수님이 누구신가를 빌립보서 2장 5절에서 11절을 통해 설명한다. 이 정의는 기독교의 교리 중 가장 중요한 성육신(incarnation)의 교리가 되었다.

> 여러분 안에 이 마음을 품으십시오. 그것은 곧 그리스도 예수의 마음이기도 합니다. 그는 하나님의 모습을 지니셨으나, 하나님과 동등함을 당연하게 생각하지 않으시고, 오히려 자기를 비워서 종의 모습을 취하시고 사람과 같이 되셨습니다, 그는 사람의 모양으로 나타나셔서 자기를 낮추시고 죽기까지 순종하셨으니, 곧 십자가에 죽기까지 하셨습니다. 그러므로 하나님께서는 그를 지극히 높이시고, 모든 이름 위에 뛰어난 이름을 그에게 주셨습니다. (빌립보서 2:5-9)

예수님이 하나님과 동등하나, 자신을 비워서 사람의 모양으로 나타났다는 것은 어떤 개념일까? 이것은 앞서 우리가 '공감'의 이해에서 살펴본 바 자기의 신을 벗고 남의 신을 신어 본다는 의미와 같은 뜻이다. 하나님이 진정 하나님이 되기 위해 인간의 모습을 가진 예수로 나타나 인간이 되었다는 것이다. 하나님이 자신의 신을 벗고 인간의 신을 신고 있는 것이 예수님이라는 뜻이다.

하나님이 인간의 세계와 아무런 관련이 없다면 우리와 하나님의 관계는 무슨 소용이 있을까? 그러나 하나님은 인간의 세계와 적극적인 관계를 가지고 있고, 그 기초가 되는 가장 중요한 시발점을 성육신, 곧 공감을 통해서 인간의 세계에 오신 것이다. 그래서 '공감'은 우리가 믿는 하나님에 대한 가장 기초적인 사실이며, 모든 신앙생활에 뼈대가 되는 요소다. 그러기에 이 사실은 개인 및 교회의 영적 건강을 판단하는 데 중요한 시금석이 된다.

예수님은 이러한 근본적인 원칙을 중심으로 당시의 사람들을 만나고 하나님의 나라를 전하였다. 이러한 공감의 원칙은 세리와 죄인들이 비난의 대상자들이 아니고, 그들이 그렇게 살 수밖에 없었던 어려운 환경과 개인의 고난에 대한 이해가 앞서는 것이다. 이러한 점에서 성서는 이미 예수님의 사역에 공감을 기초로 한 인간 이해가 있었다는 것을 보여 주는 것이다.

사람은 신앙, 교리, 이념보다 앞에 있는 것이다. 그러면 이것들보다 먼저 있는 사람에 대한 기본적 심리를 아는 것이 필요하다. 이것은 모든 것보다 먼저 있고, 모든 종교, 이념과 사상을 초월하여 존재하는 원형이다. 신앙은 이 원형에 대한 회복을 도모하고, 그것에 접근하도록 도와주는 것이다. 그래서 모든 것보다 앞서 있는 이 원형에 대한 접근은 모든 사람이 복음에 더 가깝게 접근하도록 하는 것이다. 필자는 이 공감의 원형이 곧 하나님 형상을 회복하는 것이고, 공감은 현실에서는 '인간애(humanity)'로 표현되어야 한다고 생각한다.

공감과 바리새인들

사람을 이해하는 데 가장 중심이 되는 공감을 무시하고 겉으로 나타나는 것을 선호하는 것은 죄 된 옛사람의 모습이고, 실은 대부분의 사람이 하기 쉬운 사람 판단에 대한 기준이다. 실존철학자 마르틴 부버(Martin Buber)는 사람을 크게 두 부류로 구분한다. 첫째는 '나-그것(I-it)' 의 관계를 선호하는 사람이다. 여기서 중심은 '나' 다. 내가 중심이 되고, 그 밖의 사람들은 '그것' 인 물건이 되는 것이다. 둘째는 '나-너(I-Thou)' 의 관계를 형성하는 사람들이다.[7]

나-그것 관계의 특징은 수직적이라는 것이다. 내가 중심이 되기 때문에 상대방은 언제든 나의 필요에 따라서 움직일 수 있다고 생각한다. 그래서 상대방을 물건과 같이 취급한다. 어떤 때는 선반 위에 놓기도 하고, 아래에 감추기도 한다. 이런 관계의 초반에는 모든 것이 일사분란하게 움직이고, 성과가 매우 높게 나타나는 것이 특징이다. 이러한 인간관계는 일방적이다. 내가 나이가 많이 있으니까, 계급으로 높으니까, 더 오래 있었으니까 등의 방식이 묵언적으로 깔려 있다. 그래서 이러한 위치를 가진 자신이 말하고, 명령하고, 원칙을 정하는 것이고, 남들은 그것을 반드시 따라야 한다고 생각한다. 이는 또한 혈연, 지연, 학연 등으로 연결되어 있다. 이렇게 되면 초반에 사람들이 이러한 조직체에 접근하기가 용이하다. 이유는 모두가 혈연, 학연, 그리고 지연 등으로 연결되어 있어, 초면이지만 공통적으로 이야기하고 접근할 요소가 있기 때문이다. 그래서 이렇게 뭉친 개인이나 집단은 처음부터 막강한 힘과 결집력을 과시할 수 있다. 앞에서 언급한 세 가지 요소는 초법적인 원인을 제공할 수도 있는 요소다. 그래서 초반에는 효과적인 것 같지만, 시간이 지나면 부패의 온상이 된다. 부버에 따르면 나-그것의 관계를 지향하는 사람은 인생의 초반에 타인에 비해서 눈에 보이는 성공 면에서 앞서가는 것이 있다고 한다. 그런데 인생의 중후반으로 갈수록 삶이 황폐해지고, 고갈된다고 했다. 왜냐하면 어떤 개인도 이러한 힘을 가진 개인이나 집단에 모순을 지적하거나 비판을 하기가 쉽지 않기 때문이다. 우리가 거듭났지만 죄성을 가진 인간인 이상, 물이 고이면 썩어가는 것과 같이, 그러한 집단과 개인은 썩어갈 수밖에 없다.

부버가 말하는 나-그것 관계는 외적인 조건에 대하여 관심을 가지는 사회의 것이다. 역으로 외적인 조건에 관심을 쏟는 사회가 인간관계를 나-그것으로 만드는 사회가 된다. 사람은 내면과 외면이 있고, 이 두 가지 사이에 균형을 가지고 살아가는 것이 바람직하다. 그러나 어느 한 쪽으로 치중을 하면 문제가 발생한다. 예수님 시대에 바리새인들의 가장 큰 문제는 외적인 조건에 가치를 치중하는 것이었다. 모세를 통해 전수된 율법, 유대교의 전통에 의해 형성된 교리 등은 기독교 역사에서도 매우 중요한 요소이지만, 이러한 것들이 나-그것의 관계로 사람들에게 적용되면 그때부터는 문제가 발생한다. 율법과 전통은 사람을 살리기 위한 것이라는 본연적인 목적을 가지고 적용할 때 그 효력이 발생하는 것이지, 이것이 사람을 묶어두기 위한 것이면 그때부터 율법과 전통이 권력이 되고, 무기가 되고, 잘못하면 하나님의 이름으로 사람에게 해를 끼치는 마성(魔性)

의 도구가 될 수 있다.

바리새인들이 세리와 죄인들을 정죄하면서 느낀 감정을 '종교적 사디즘(religious sadism)이라고 한다. 사디즘이라는 것은 가해자가 피해자에게 성적 고통을 유발시키고, 그 고통을 보면서 느끼는 희열로, 정신질환이다. 종교적 사디즘이나 도덕적 사디즘(moralistic sadism)은 비슷한 의미의 용어인데, 종교적으로 또는 도덕적으로 자신이 바르다고 생각하는 사람들이 그렇게 살지 못하는 사람들을 보면서 판단하고 정죄할 때, 그 피해자들이 입는 정신적인 고통을 보면서 쾌감을 느끼는 사람들을 일컬어 하는 말이다.[8] 이 사람들도 처음에는 율법과 생활을 통해서 얻은 신앙의 기쁨을 가지고 있었을 것인데, 어떻게 이렇게 판단하고 정죄하는 것에 익숙해져서, 예수님으로부터 책망 받는 주목 대상이 되었을까? 개인의 오류와 역사의 오류는 비슷하게 되풀이 된다. 누구나 처음에는 순수함으로 시작하지만 그것에 때가 묻고 더러워지게 된다. 바리새인들의 문제는 자신들이 가진 율법이 최고의 것이라 생각하고, 거기에 절대성을 더하게 되었기에 발생한 것이다.

수직적 개인과 사회가 지향하기 쉬운 구조는 외적인 가치를 중시하는 경향이다. 우리 사회는 과거보다는 수평적인 구조가 되고는 있지만 아직도 개인의 가치나 집단의 가치를 평가하는 데 수직적인 잣대를 많이 들이대고 있다. 예를 들어, 얼굴에 대한 평가를 해 보자. 회사에 취직을 하는데 면접관들이 외모를 많이 따지기 때문에 성형을 해야 한다는 논리가 사회 전반에 퍼져 있다. 때로는 결혼과 연애를 위해서, 때로는 늙어가는 것을 위장하기 위해 성형을 한다는 이야기도 많이 있다. 얼굴을 관리하는 것이 옳지 않다는 것이 아니라, 너무나 많은 국민이 성형에 대한 관심을 가지고 있어 일종의 국민적인 병이 되고 있다. 20대 여성의 60~70%가 돈이 생기면 성형을 하고 싶다고 말하고, 요새에는 주부들도 상당한 관심을 가지고 있다.

해외 교민들을 만나 이야기하면 많은 분들이 한국 젊은이들의 외모지향성에 대하여 우려를 나타내고 있다. 국내에 있는 사람들은 나라의 문화 분위기가 이렇게 흘러가니 둔감하지만 외지에서는 한국 사회를 걱정하고 있다. 남자 화장품에 대한 것도 같은 맥락이다. 화장품 시장이 1조 규모가 넘었다고 한다. 이제는 점점 남녀노소에서 이러한 외모에 대한 관심과 그 기준이 국민적 공감대로 가고 있는 것은 아닌지 의심스럽다. 이러한 기준이 사람을 평가하는 데 중요한 요소가 된다는 것은 오늘의 한국 교회도 예수님 당시의 율법사들처럼 인간의 내면 세계에 대한 공감 없이, 보이는 것에 익숙해져 가고 있는 것은 아닌가 생각한다.

외적인 요인들이 가치 판단에 중요한 것이 되어 가고, 젊어지려는 열망이 강하면 상대적으로 예쁘지 않는 것, 젊지 않는 것이 소외받기 마련이다. 그래서 이러한 분위기가 사회에 만연하면 그 사회의 구성원들도 영향을 받을 수밖에 없다. 젊어지고 아름다워지려는 것이 문제가 아니라, 사회 전반이 그것에 대해 관심을 가지고 있다면, 얼굴이 예쁘지 않고, 늙은 사람들은 상대적으로 관심의 대상이 되지 못하고, 차별을 받는 분위기가 된다는 점이 문제다.

바리새인들의 문제는 사람을 대할 때 '나-그것'의 관계로 본 것이다. 그들은 사람을 내면과 내면 가치에 대한 중요성을 생각하여 사람을 먼저 생각하는 것이 아니라 법을 먼저 생각하였기 때문이다. 시대가 많이 변화하고 있지만 안식일에도 사람 살리는 일을 하신 예수님의 의도는 아직도 기독교 신앙의 가장 근본이다. 세월이 변하면서 우리가 놓치 말아야 할 일은 바로 사람을 바라보는 신앙이다. 하나님을 위한다고 생각하면서 사람을 죽인 바리새인들의 실수를 범하지 말아야 한다.

시대가 변하는 것은 신앙에 내용과 형식에 도전을 준다. 문화의 다양성과 변화 속에 형식은 자주 변화되기를 주문받고 있다. 그러나 내용을 변하지 않는다. 그것은 내용이 곧 사람의 본질과 밀접하게 연관되어 있기 때문이다. 바리새인들의 과오는 형식과 내용을 오해한 것이다. 그들은 틀에 박힌 형식을 지키는 것이 곧 율법을 지키는 것이라 생각한 것이다. 율법이 사람을 위한 것이라는 본질을 잊고 사람을 옥죄게 만든 것이다. 뜻을 알면 문자를 버린다는 말이 있고, 옛것에서 지혜를 얻어서 옛것을 버린다는 말이 있다. 예수님은 자신이 율법을 폐하러 온 것이 아니라, 율법을 완성하기 위해 오신 것이라 하셨다. 율법의 완성은 사랑이고, 그 사랑은 사람을 우선으로 하는 사랑이다. 사람을 위해 율법을 이해한 예수님과, 율법을 지키기 위해서 세리와 죄인들을 정죄한 바리새인의 사이에는 이러한 이해 차이가 있다. 한 사람의 생명을 천하보다 귀하게 여기는 하나님의 마음은 사람을 우선순위에 두셨다.

경기도에 있는 한 교회가 흡연소를 만들었다는 소식을 신문에서 보았다. 대부분의 기독교 신자들에게는 이 소식이 매우 어리둥절하게 하는 내용일 것이다. 기독교인이면 당연히 주초(酒草)를 멀리하는 것이 상식이기 때문이다. 그러나 이 교회의 목사님은 우리 교회는 특정한 직업을 가진 사람들이 많이 나오는데, 그들은 직업상 주초를 가까이 할 수 있는 기회가 다른 사람들보다 많다고 설명한다. 교회에서 주초에 대한 언급을 자주하다 보면 이 교인들이 죄의식을 가지고 아예 예배에 참석을 하지 않는다는 것이다. 이들이 담배를 피워도 교회에 와서 예배를 드리고, 예배를 통해서 은혜를 받을 수 있는 기회를 제공하는 것이 교회와 목사의 도리라 생각하고 조치한 것이다. 어떤 사람이 교회와 하나님의 세계에 대하여 관심과 믿음을 가지려 할 때 주초가 걸림돌이 된다면 이것을 해결할 지혜를 내는 것이 필요하다. 그런데 주초로 사람의 신앙과 구원을 운운하는 것은 예수님 시대의 바리새인이 가진 시각과 별 차이가 없어 보인다. 내용을 보는 것이 아니라, 형식을 가지고 사람을 판단하기 때문이다. 우리나라 장로교회 군소교단은 모두 305개 교파가 된다고 한다. 한 하나님을 믿고 따르는 기독교인들이 내용에 관심을 가지고 있는 것이 아니라, 형식을 가지고 판단하는 신앙으로 위장한 편파성 때문이다.

안식일의 주인은 인자, 곧 사람이라는 표현은 다양한 해석을 할 수 있지만, 필자는 이 인자가 곧 사람을 의미한다고 생각한다. 모든 율법과 예수님의 사역에서는 사람을 구하는 일을 그 어떤 일보다 위에 있었다. 자녀들이 부모님에게 효도하는 마음으로 무엇을 해드릴 때 부모님들이 공통적으로 자녀들에게 하는 말이 있다. 자녀들이 가난할지라도 다투지 않고 서로 도와가면서 사는 모습을 보는 것이 큰 소원 중 하나라는 것이다. 열 손가락 깨물어 안 아픈 손가락이 없다는 말처럼 하나님에게는 세리나 죄인 모두가 아픈 자녀다.

진리는 멀리 있을까? 그것은 일반인들이 이해하기 어려운 난해한 것이고, 수학의 복잡한 공식을 대입해서 나오는 결과와 같은 것일까? 인간은 자신들의 욕심과 야망으로 인해 하나님을 떠났고, 그것을 회복하기 위해 율법이 다시 주어졌다. 하지만 바리새인들과 율법사들은 연민의 마음을 무시한 적용을 하여 사람들을 정죄했다. 사람의 근본적인 지향을 무시하고 경직된 율법으로 무장한 신앙은 신앙이기보다는 이념에 가깝다. 그것은 사람을 살리기보다는 사람을 판단하고 정죄하는 역할을 한다.

후주

1 Carl Rogers, *A Way of Being* (Boston: Houghton Mifflin Company, 1980), p. 10.
2 같은 책, p. 7.
3 같은 책, p. 8.
4 John Bowlby, *Child Care and the Growth of Love* (Baltimore: Penguine Books, 1961), pp. 24-26.
5 Carl Rogers, 앞의 책, p. 16.
6 여기에 대한 자료는 시카고 대학교 교수였던 리주토(Rizzuto)의 살아 있는 신의 탄생(*The Birth of Living God*)을 참조하기 바란다.
7 Martin Buber, *I and Thou* (New York: Charles Scribner' s Sons, 1979), pp. 53-85.
8 Donald Capps, *Life Cycle Theory and Pastoral Care* (Philadelphia: Fortress Press, 1983), pp. 77-80.

Chapter 03

정서와 신앙생활의 함수

성인의 정서생활은 사람이 심리적으로 건강한지 그렇지 않은지를 알 수 있는 척도가 된다. 건강한 사람은 복잡한 문제가 있더라도 잠시 그 문제로 아파할 수 있지만 곧 그 문제를 털어버리고 일상생활에 임할 수 있다. 건전한 정서생활이 삶의 복잡한 문제를 이겨낼 수 있는 힘을 주기 때문이다.

회사원들이 가장 정신적으로 긴장하는 시간이 있다고 한다. 긴장이 어느 시간보다 강하기 때문에 이 시간대에는 서로가 예민해진다. 오전 11시에서 12시 사이이다. 아침 식사를 거르고 왔거나, 식사를 했더라도 점심이 가까운 시간에 사람의 몸 상태가 예민해진다고 한다. 그래서 시장하지 않을 때 넘어갈 수 있는 문제가 이 시간에는 문제가 될 수 있다.

발달심리학자 에릭 에릭슨(Erik Erikson)에 의하면 논다는 것, 놀이는 아동에게 다음과 같은 영향을 준다고 한다.

> 놀이기에 아동은 자신의 미세한 현실(micro-reality) 안에서 과거의 경험을 안도시키고, 정정하고, 재창조하고, 모든 창의적인 의식(ritualization)을 성격짓는 자발성과 수용성을 가지고 미래의 사건과 역할을 기대하도록 하기 위하여 장난감을 사용한다.[1]

놀이를 하고 정서생활을 통해서 정신적 여유를 가지는 것은 우리가 과거에 경험한 세계로부터 조금 떨어져 관조할 수 있는 여유가 생기게 하는 장점이 있다. 그리고 그 과거의 사건들을 다시 한 번 다른 관점에서 볼 수 있도록 하고, 다가올 미래에 대하여 자발성과 수용성을 가지고 대처할 수 있는 능력을 준다. 그래서 사람이 살아가는 데 정서적인 생활은 음식 섭취와 같이 꼭 필요한 것이다.

신앙생활도 마찬가지다. 우리가 정서적인 생활이 조금이라도 있어야 일상에서 활력을 가질 수 있는 것과 같이, 정서적인 생활이 어느 정도 되어야 신앙생활도 잘 할 수가 있다. 한국 교회에 다른 나라 교회와 다른 특이한 열정이 많은데, 분열과 싸움도 가히 압도적이다. 이것은 매우 잘못된 모순이다. 열심이 많은데 분열과 싸움도 많다면, 이것은 서로 맞지 않는 공식이다. 왜 열심과 열정이 많은데 분열이 되풀이 될까. 여기에 대한 여러 가지 답이 있을 수 있지만 그중 하나는 우리에게 정서적인 생활이 부족하기 때문이라고 생각한다. 몸은 정신을 필요로 하고, 정신도 몸을 필요로 한다면 이 중앙을 연결해 줄 수 있는 것은 정서다. 정서생활은 공간의 영성과 같이 우리들에게 현재의 일을 잠시 두고, 일상을 잠시 내려놓고 다른 공간에서 휴식을 취하는 시간이다.

안식일 제도도 마찬가지고, 주5일 근무제도 선진국으로 갈수록 사람이 일하는 기계가 아니라, 휴식과 정서가 필요한 존재임을 인정하는 데 따른 것이다. 하나님이 6일간 일을 하시고 7일째에 쉬셨다는 것은 안식, 또는 정서적 휴식의 필요성을 강조한 것이다. 미국 동부에서 서부까지 횡단하는 두 팀이 있었다. 한 팀은 주일도 쉼 없이 지속적으로 걷기 시작한 팀이고, 다른 한 팀은 한 주에 6일은 열심히 걷고, 주일에는 예배를 드리고 휴식을 취했다. 처음에는 매일 걷는 팀이 많은 차이를 두고 앞서 나갔다. 그러나 종반으로 갈수록 구성원들의 몸이 지치고, 병이 나서 중도탈락자도 발생했다. 결국 주일을 지키고 휴식한 팀이 먼저 완주했다.

한국 기독교인들의 대다수는 유교적인 문화를 배경으로 가지고 있기 때문에 신앙에 대한 생각을 할 때도 여기에 정서적인 활동, 여가활동, 놀이 등을 포함시키는 것을 주저한다. 개화 초창기에 서양 선교사들이 들어와서 테니스와 같은 정구치는 것을 보면 양반들이 노비들처럼 무엇을 하는 것이냐고 물어보곤 했다 한다. 정구라는 운동이라고 말해 주면 그때마다 양반들은 저렇게 하는 것은 노비한테 시키지 왜 힘들게 본인들이 하냐고 반문하곤 했다 한다. 그런 정신적인 유산이 우리에게 있기 때문에 몸을 움직이고, 놀이 활동을 하는 것은 신앙과 맞지 않다는 생각을 할 수도 있다. 그래서 교인들은 목사들이 정서적 활동이나 스포츠를 하는 것을 탐탁하게 생각하지 않을 수도 있고, 목사들은 교인들이 이런 것에 열중하는 것을 좋아하지 않을 수도 있다.

되풀이되는 일상이 지루하고 권태를 느끼는 것은 거기에 쉼, 안식이 없기 때문이다. 그리고 지속적으로 되풀이되는 일상이 때로는 우리에게 불안을 줄 수도 있다. 이 일이 끝이 나면 다른 시간과 공간이 나를 기다리고 있을 것이라는 희망은 우리의 삶을 여유롭게 만든다. 예수님은 이미 그 시대에 정서적인 생활을 하셨다. 지금과 같이 '정서적인 활동' 이라는 것은 없었지만 한적한 곳에 제자들과 함께 때로는 홀로 가신 것도 이러한 정서성의 일환이라고 생각된다. 갈릴리 호수를 지나가신 것도 같은 맥락에서 볼 수 있다. 세리와 죄인들, 제자들과 함께 음식을 나누는 것 자체도 음식을 통해 일상으로부터 나오신 것이었다.

인간에게 끝이 있다는 것은 두려움이기도 하지만 또 다른 세계나 기회에 대한 기대를 갖게 한다. 지루한 일상의 끝을 기다리는 사람들이 현대인들이다. 낮은 밤을 기대하게 하고, 밤은 낮을 기대하게 한다. 필자는 월요일에 수업이 많이 있어 수업이 다 종료되면 주로 저녁 식사 시간이 된다. 그런데 간혹 불가피하게 약속이 생긴다. 아내에게 전화를 걸어 식사를 밖에서 하고 간다고 말하면, 나는 미안해서 전화를 하는데 아내의 목소리에 즐거움이 있다는 것을 느꼈다. 아내에게 물어보았더니, 남편의 식사를 한 번 안 차리는 자유를 만끽할 생각에 신이 난다는 것이다. 하루 최소 한 끼를 준비하는 아내가 23년 동안 준비한 밥상을 계산해 보면, 식사를 준비하는 데 대한 스트레스와 거기서 벗어나고 싶은 마음을 충분히 짐작할 수 있다.

그래서 주말에 1, 2회 정도 외식을 한다. 이것은 분명히 아내에게 해방, 쉼이 되는 시간이다. 아내는 가끔 평일에도 전화를 걸어서 오늘은 식사 준비를 도저히 못하겠다며, 자신이 낼 테니 외식을 하자고도 한다.

필자의 부친은 평생 샐러리맨이었다. 당시 토요일에도 출근해야 하는 우리들의 아버지는 간혹 집에 돌아오신 후 회사에서 발생한 일 때문에 기분이 언짢아 약주를 드시면서 상사나 부하직원 혹은 회사에 대한 불만을 토로하였다. 더럽고 치사해서 회사생활 못하겠지만 자식들과 아내 때문에 할 수 없이 하신다는 말씀과 함께. 현대인들도 마찬가지다. 우리 모두는 우리가 밥벌이로 하고 있는 일에서 조금이라도 쉼을 얻고 싶은 정서적 욕구가 있다.

우리는 신앙인이기 이전에 기본적인 요구를 가지고 있는 사람이다. 성장과 기본적 건강을 유지하기 위해서 음식을 섭취해야 하고, 삶을 이어나가기 위해서 기본적 정서생활이 보장되어야 한다. 교회의 목사도 예외는 아니다. 필자의 목회 경험을 생각해 볼 때 가장 어려웠던 점은 설교 준비였다. 박사학위를 받고 목회를 잠시 했었는데 그동안 공부하면서 준비한 자료는 3개월 설교를 하니 바닥이 나 버렸다. 매주일 2회 설교, 수요예배, 금요예배, 새벽예배, 구역예배 등 예배는 끝이 없었다. 목사가 설교를 열정적으로 해야 하는 것이 사실이지만 너무 많으면 과부하가 걸린다. 간혹 주일 설교를 해 주는 목사님이 올 때면 토요일이 정말 행복했다. 그 토요일은 가족들과 식사도 하고, 그동안 하지 못했던 일과 만남, 대화를 하며 즐거운 시간을 보냈다. 설교가 없는 날은 나에게 정서적 위안을 주는 안식일과 같은 것이었다.

친구가 지방의 한 교회에 담임목사로 갔는데, 그 교회에 터줏대감 같은 한 신도가 거의 매일 한 번씩 목사사무실로 전화를 한다고 했다. 목사가 있으면 이런저런 대화를 하였지만, 전화했을 때 목사가 없으면 주일에 와서 교회를 지키지 않고 어디를 갔었느냐는 식으로 질문을 한다는 것이다. 간혹 목사를 이슬만 먹고 사는, 자신과 다른 존재로 착각하는 사람들이 있다. 신령한 존재가 되기를 소원하지만 몸과 마음이 있는 사람이다. 가정이 있고, 책임져야 하는 가족이 있고, 부모도 있고, 괴로움을 풀어야 할 때도 있다.

주변의 환경이 죄어오면 모두 마음이 상한다. 목사의 자녀를 통칭 PK(pastor' s kids)라고 하는데, 목사의 자녀이기 전에 사람의 자녀라고 생각하면 목사와 가족들에게 정서적 여유를 줄 수 있다. 십대의 자녀들이 얼마나 유행을 따르고 싶고, 동년배들이 누리는 것을 얼마나 가지고 싶겠는가. 이를 목사의 자녀, 목사의 가족이기에 모든 것을 포기해야 한다고 하면 마음이 상할 수밖에 없다.

우리에게는 개인의 생활과 정서를 침해하여 다른 성도와 목사를 곤란케 하는 정서가 아직도 남아 있다. 우리의 전반적인 문화가 개인보다는 공동체를 중시하기 때문에 목사의 생활에 대해서 간섭해서는 안 될 부분까지 교인들이 관여하여 서로 힘들어지는 경우를 어렵지 않게 볼 수 있다. 엄격한 의미에서 교회는 목사를 청빙한 것인데, 전반적인 교회 인식은 그 청빙에 자녀와 사모를 엮어서 생각한다. 사모는 여성으로서 왜 미적 욕구가 없겠는가. 예뻐지려고 하는 것은 사람의 본능이고, 가꾸고자 하는 것이 당연한데, 때로 교인들이 이것을 가지고 문제를 삼는 경우도 있다. 목사나 가족이 도덕적으로나 경제적으로 문제를 발생시키는 않는다면 교인들은 개인적 생활에 간섭하는 사생활의 침해를 멈추어야 한다. 이것은 목사의 정서를 피폐하게 한다. 목사의 성도를 향한 관심도 마찬가지다. 성도의 특별한 요청이 없는 한 성도 개인에 대해 기본적인 선을 넘어서는 안 된다.

미국 감리교회의 목사들은 공식적으로 1년에 주일을 낀 한 달간의 휴가를 갖는다. 그래서 이것을 1년에 수차례로 나눠서 사용하는 사람도 있고, 한 번에 다 사용하는 사람도 있다. 알고 있는 한 분은 여름에 휴가를 내서 알래스카를 다녀왔다고 했다. 그곳에서 자신본 대자연의 모습을 소상히 말해 주었다. 밤에는 별이 쏟아지는 우주의 광경에 몰두했고, 낮에는 에메랄드 같은 바다 색깔에서 태초의 신비감을 느꼈다고 했다. 목회도 고된 일이기에 적절한 시기에 일로부터 떨어져 정서적 휴식이 필요하다. 목회가 사람을 탈진시키는 것은 인간관계가 중심이 되는 일이기 때문이다. 사회조직은 위계질서에 따른 인간관계가 중요하지만, 이 목회는 목사가 성도를 향한 이해와 수용, 존중을 해야 하는 것이 일의 본질이다. 희로애락을 겪는 한 사람으로서의 목사는 대개 자신의 감정을 적절하게 표현할 길이 막혀 있는 구조다. 회사라는 조직이라면 동료들 사이에서 갈등을 어느 정도 해소할 수 있지만 교회는 다르다.

정서적인 영역을 억압당하는 것은 평신도들도 마찬가지다. 영적인 생활로 육적인 생활을 억압한다는 이분법적 생각보다는 영적인 생활로 우리 몸과 마음을 더 건전하게 한다는 자세를 갖는 것이 맞다고 생각한다. 어느 교회에서 구역장 교육을 위해 어떤 전도사님이 남한산성 산행을 한 후 구역 성경공부를 인도하였다고 한다. 자연에서의 하나님의 세계를 보기 위하여 구역장들을 밖으로 인도한 것이다. 점심 식사 후 구역장들을 인근 라이브 카페에 데리고 갔다. 이 라이브 카페에서는 한 시간 간격으로 통기타 가수들이 나와서 가을 노래를 불렀는데, 처음에는 구역장들이 꺼려했지만 가을 음악을 들은 후에 마음속이 후련해졌다고 했단다.

우리가 24시간 찬송가와 성경만 부르고, 볼 수는 없는 노릇이다. 어떤 이는 이런 분들이 경건하고 신앙이 높다고 말하는 사람도 있겠지만, 내가 보기에는 정서적으로 문제가 있는 분들이다. 하나님은 우리에게 정서와 감정을 허락했고, 누군가를 연모하고 사랑도 하게 만들어 주셨다. 서울의 한 대형 교회에서는 오래 전에 가정 10대 원칙을 만들어 교인들에게 나눠 주었다고 한다. 거기에서는 가족들과 함께 적극적으로 문화생활을 할 것을 권장하였다. 영화, 음악회, 뮤지컬 등을 통해서 정서적 순화를 부탁한 것이라 생각한다.

교회 주일 저녁예배가 거의 없어지고 대신 오후예배 형식으로 변모하는 것도 아마 가족과 정서순화를 위해 필요한 조치라고 본다. 물론 이에 반대하는 사람도 있지만, 필자는 당연히 오후예배를 드리는 것이 낫다고 생각한다. 주일 새벽부터 저녁예배까지 드리면서, 특별히 열정이 있는 사람들은 주일 전체를 교회 중심으로 산다. 신앙생활에 좋은 점도 있겠지만, 너무나 많은 교회 프로그램과 예배가 가족과의 시간을 빼앗아 갈 수 있다. 특별히 유치원생이나 초등생, 중학생을 둔 부모 입장에서는 저녁예배 때 아이들을 집에 홀로 두고 예배에 참석하는데 오후 예배를 드림으로써 저녁 시간을 함께 할 수 있는 기회를 제공하는 것도 적절한 변환이라고 본다.

건강한 정서생활 바탕 위에 서 가는 것이 바르고 깨끗한 영성을 만나게 한다. 무릎 꿇는 영성 외에 자연과 정서가 허락하는 영성을 교회가 목사들에게 제공해 주는 것도 일상으로부터 하나님의 초월 세계를 만나는 경험을 허락해 준다. 이에 대해 보스턴 대학교의 교수였던 종교사회심리학자 피터 버거(Peter Berger)는 다음과 같이 말했다.

> (놀이라는 것은) 신성한 초월성의 신호다. 왜냐하면 놀이를 통해 사람들은 일상생활로부터 다른 곳으로 옮겨지는 것과 같이 느낄 수 있을 뿐만 아니라. 평범한 시간에서 영원 속으로 가는 것처럼 느끼게 된다.[2]

적절한 놀이와 정서생활은 타인에 대한 배려를 해야 한다는 생각을 가지게 한다. 신앙생활을 하면서 공동체 구성원에게 배려를 하지 않아 발생하는 불상사가 많이 있다. 신앙의 열심은 있지만 배려심이 없는 것은 성장 과정에서 자신의 감정을 표출할 놀이와 공동체 생활이라는 적절한 기회가 없었기 때문이다. 그래서 우리 사회는 아직도 '개인의 영역' 을 침해하는 경우가 많이 있다. 어른이 아이에게, 힘이 있는 사람이 없는 사람에게, 상사가 부하에게, 거침없이 다른 사람의 사생활을 침입하여 마음을 아프게 한다. 한국 사회에는 아직도 이런 잔재들이 남아 있다. 버스를 타고 가다 보면 라디오를 크게 틀어 놓은 경우가 있다. 자신이 좋아 하는 노래를 틀어 놓으면 우리는 운전사가 선호하는 음악을 강제적으로 들을 수밖에 없었다. 지금은 상점이 개점할 때마다 나레이터 모델들이 큰 음악 소리에 맞추어 춤을 추는 장면을 시내에서 자주 본다. 아무리 선거철이지만 대형 마이크를 통한 선거 유세, 차량 확성기를 통해서 울려 나오는 노래는 개인의 영역을 침입한 사례다. 예전에 교회의 종소리가 시끄럽다 해서 더 이상 울리지 못하게 했는데, 왜 이런 것들은 통제가 되지 않는지 모르겠다.

일방적으로 개인의 영역을 침입하는 이런 문제는 교회에서도 발생한다. 필자가 접한 두 가지 사례가 있다. 하나는 교회에서 오랜 기간 중추적 역할을 한 어느 권사님의 이야기다. 교회 설립에 중추적인 역할을 했고, 나름대로 신앙생활도 매우 열심히 하는 분이었다. 그런데 이분이 가진 가장 큰 문제는 자신의 기준에서 신앙을 판단한다는 점이다. 집사님이나 권사님들이 이분으로 인해 정서적 상처를 많이 받았다. 한 집사님이 몸이 아파 주일 예배를 참석하지 못했는데, 그 주일에 여선교회 심방대원을 이끌고 병원에 심방을 갔다. 심방은 위로와 권면이 주가 되어야 하는데, 얼마나 기도생활을 하지 않으면 병에 걸렸느냐는 식으로 말해서 마음의 상처가 더 깊어졌다.

아버지가 장로인 여성이 있었다. 아버지의 신앙은 보수적이다 못해 너무 율법적이었다고 한다. 매일 강제적으로 일정 시간에 기상을 해야 하고 신앙생활은 철저해야 했다. 그런데 딸은 이런 아버지의 마음으로부터는 어떤 사랑도 읽을 수가 없었다. 고등학교 시절 이 딸이 병에 걸려 입원을 했는데, 아버지가 딸에게 너는 신앙생활을 하지 않아 하나님에게 천벌을 받는 것이라 말했다 한다. 병원에 입원한 환자에게는 위로와 격려, 함께 아파하는 마음이 우선인데 말이다. 이런 말을 하는 대부분의 사람은 당사자들이 무언가에 쫓기고 징벌을 받을 것 같다는 정서적 불안에 시달리고 있기 때문이다.

정서적 생활 없이 무엇인가를 추구를 하다 보면 이 추구하는 과정에서 남에 대한 배려심이 없어진다. 그리고 이러한 결핍이 신앙으로 위장되면 자신은 바른 신앙생활을 한다고 생각하지만 그것은 바른 신앙생활이 아니라 자기중심적인 탐욕 때문이다. 배려가 있는 생활은 사람들에게 바른 목적에 대한 관심을 가지게 하고, 공동의 협력 정신을 기르도록 한다. 심리학자 에릭슨이 이것을 다음과 같이 설명한다.

> 목적은 타인들을 무례하게 대하지 않게 한다. 그리고 그들이 가진 고유성을 인정케 하며, 공동의 목표를 향해 일하는 사람들에게 협력하는 정신을 가지도록 촉진한다. 목적이 제시될 때 탐욕에 대한 추구는 탐구의 정신으로 바뀐다. 탐욕은 "나는 이것을 반드시 가져야 해. 나에게 줘."라고 말하는 반면 목적은 "재미있는데, 이것은 어디에 쓰이지? 어떻게 작동되는 거지?"라고 말한다.

성도와 성도 간, 목사가 성도에게, 성도가 목사에게 개인적 영역을 침입하는 것은 바른 목적이 형성되어 있지 않기 때문이며, 바른 신앙이 정립되어 있지 않기 때문이다. 에릭슨의 지적처럼 이것은 개인적 탐욕이다. 그래서 서로에 대한 배려 없이 탐욕을 가지고 자신이 통제하려는 것이다. 탐욕은 주변 환경과 주어진 것을 즐기지 못한다. 내가 통제하고 소유만 하려는 것이기 때문에 온갖 정신적 에너지를 여기에 몰두한 때문이다. 필자가 지인들과 주왕산을 방문한 적이 있다. 이곳의 산은 둥글둥글해서 큰 정원 같은 느낌이 드는 아늑한 곳이었다. 그래서 이것을 옮겨다가 정원을 삼았으면 좋겠다고 했더니, 산을 자주 다니는 분이 그럴 필요 없고 정원이 생각나면 언제든지 이곳에 와서 보면서 즐기면 된다고 말했다. 내가 소유하고 통제하려는 신앙은 주변과 이웃을 돌아보지 못하기 때문에 하나님이 주신 여러 환경을 즐길 수 없도록 한다. 그러면서도 본인은 하나님이 주신 신앙이라고 생각하는데, 안으로는 하나님의 일을 하면서도 기쁨과 즐거움, 행복이 없다. 필자는 하나님의 뜻을 생각하는 데이 기쁨과 행복이 없으면 우리가 지금 몰두하고 있는 일을 진지하게 반성해야 한다고 생각한다. 구레네 시몬처럼 십자가를 지고 가는 일이라 할지라도 거기에 하나님이 뜻이 있으면 우리에게는 행복과 보람이 것이 반드시 있다. 만일 없다면 이것은 나의 탐욕이 기반이 되는 것일 수 있다.

정서적 함몰에서 온 탐욕은 사물과 사람을 내 편으로, 나의 사람으로 만드는 것을 목적으로 하고 있고, 이것이 교묘히 하나님의 뜻으로 위장될 수 있다. 그러나 이것이 얼마나 불행한 인생과 기쁨 없는 신앙생활인지 우리는 안다. 바른 신앙과 목적은 주변을 연구하고 탐구하는 정신, 신앙 안에서 주어진 이 세상을 놀이터요 탐구의 대상이라고 생각하기에 삶과 신앙을 훨씬 더 폭넓고 긍정적으로 살아갈 수 있게 해 준다. 우리가 가진 정서적 함몰로 인해 개인과 타인에 대한 실수와 고의성을 매일 생활에서 고백과 회개하지 않으면, 하나님이 우리에게서 멀어지는 것이 아니라 우리가 하나님의 뜻과 다른 것을 취하기에 때문에 우리가 하나님과 멀어지는 것이다.

후주

1 Erik Erikson, *Toys and Reason* (New York: Norton, 1977), pp. 99-100.
2 Peter Berger, *A Rumor of Angel* (Garden City, N.Y.: Doubleday Anchor Books, 1970), p. 189.

Part 2

보편성과 특별성의 기독교

Chapter 04

신앙 성숙의 보편적 원리

사람이 성숙하고 신앙이 성숙하는 데에는 시간과 개인의 노력이 필요하다. 이것은 하나님이 마련해 주신 보편적인 법칙이다. 그래서 사람은 사람을 배신할 수 있지만, 땀은 사람을 배신하지 않는다는 말을 자주한다. 하나님의 영역이 가진 특별함이 분명히 있는 것이 사실이지만, 특별함을 받은 우리가 보편성의 질서를 상식으로 받아들이지 않으면 문제가 된다. 신앙에는 초월적 세계에 대한 경험이 분명히 있지만, 초월적 세계를 주장하는 사람이 가정에서 상습적인 문제를 일으키는 사람이라면 그 초월성은 설득력을 잃는다.

사람의 기관 중 가장 먼저 발생하는 것이 심장이다. 심장이 발달된 이후 연관된 기관들이 발생하게 된다. 이것을 후생성(epigenesis)이라고 한다. 하나님이 인간이라는 생명체가 순서대로 발생하여 성장할 것을 명령해 놓은 코드다. 사람의 정신적인 성숙도 마찬가지 원리로 성장하게 된다. 하루아침에 의인(義人)이 만들어지는 것이 아니고, 오랜 세월 동안 교육과 훈련을 통해서 이러한 사람이 탄생하는 것이다. 역으로 악한 사람도 하루아침에 형성되는 것이 아니라, 이것 역시 악한 것이 누적된 결과다. 그래서 사람의 모든 발달에서는 순차적인 질서가 있는 것이다.

신체 및 정신의 발달만이 아니라 신앙의 발달과 성숙에도 일정한 보편적 원리가 있다. 물론 특별한 예외도 있을 수 있지만, 이 특별함이 발생하여 사람이 변하는 것은 하나님 영역이다. 우리는 보편성에 관심을 가지고 사람의 역할을 다하는 것이 필요하다.

사람은 이기적인 유전자를 가지고 태어났다. 그래서 이러한 이기성이 신앙과 교육의 영향을 받지 않으면 끝까지 이기성을 탈피하기 어렵다. 누구나 자기가 중심이 되는 약간의 이기성을 가지고 있지만 너무 집요하고 자기만을 아는 이기성은 대인관계 및 신앙생활에서도 좋지 않은 영향을 미친다.

영화 구성과 시나리오, 음향이나 카메라 앵글 등 여러 면에서 수작인 영화 〈광해〉를 보자. 영화는 광해군의 행적 중 기록을 찾을 수 없는 10일간의 행적에 대한 상상에서 출발한다. 10일간 광해가 병으로 치료를 받았고, 광해를 대신할 가짜 왕을 세운다. 그런데 이 가짜 광해는 궁중에서의 10일간 잘못된 관행을 바로잡고 어린 궁녀와 친구가 되고, 모든 일에 진심을 담으려고 애를 쓴다. 이 과정이 관객들에게 감동을 주었다. 관객들은 이 허구의 시나리오에 눈물을 흘린다. 현실적으로는 가짜 광해가 그렇게 선한 정치를 펼친다는 것은 불가능하다. 가짜 광해도 수십 년간 자신이 살아온 삶의 방식과 길이 있는 사람인데, 환경이 변화되었다고 해서 사람이 한 순간에 변한다는 것은 거의 불가능하기 때문이다. 그럼에도 우리가 이 이야기에 빠져드는 가장 큰 이유는 우리가 원하는 어떤 것을 그 영화가 가짜 광해를 통해 보여 주었기 때문이다.

신앙이 성장하는 것에도 반드시 과정이 있다. 하루아침에 성자가 탄생할 수 없고, 일순간에 사람이 완벽하게 변한다는 것은 거의 불가능하다. 완벽하게 변하는 것은 하나님만이 아실 뿐이다. 우리는 사람이 변화받는 것에 대해 사도 바울의 이야기를 자주 언급한다. 그러나 엄밀히 이야기해서 악한 자가 예수님을 만나 선한 자가 되었다는 것을 사도바울에 비유하는 것은 적합하지 않다. 사도 바울은 그가 사울이었을 때 자신을 바리새인 중에 바리새인이요, 율법으로는 흠잡을 수 없을 만큼 완벽주의를 추구했던 사람이라고 했다. 그의 문제는 예수님을 정확히 몰라 기독교를 배척하고 기독교인들을 박해한 사실이었다. 그리고 성경을 관찰해 보면 그는 예수님을 만난 후 과거 생활에 대해 회개하고 사역을 준비하기 위해서 3년간 아라비아 사막에서 은둔한 것을 알 수 있다.

한국 사회에서 자주 말하는 '대박나세요' 라는 표현은 한탕주의이기도 하지만, 이러한 풍조가 교회에까지 영향을 주고 있지 않나 생각한다. 하루하루를 성실히 살지 않고 요행을 통해 현실을 바꿔보려는 것으로는 행복이 오지 않는다. 실존철학자 마르틴 부버(Martin Buber)는 사람은 어떤 큰 결정으로 위대한 사람이 되는 것이 아니라, 하루하루 작지만 바른 결정을 통해 큰 사람이 된다고 했다.

우리가 무심히 스쳐지나가는 수많은 결정의 집합으로 우리의 미래를 점칠 수 있다는 얘기다.

물론 일부 교회와 교인이겠지만 이러한 빠른 변화를 추구하는 사람이 있다. 필자의 생각으로는 1990년대까지 한국 교회는 범죄자들이 회심한 사건을 대중매체 등을 통해서 많이 광고했다. 이렇게 범죄를 저질렀던 사람들을 대중 앞에 세운 것은 짧은 안목에서는 어느 정도 효과가 있었을 수 있다. 그러나 그때 주목을 받았던 사람들의 대부분은 다시 주먹세계로 돌아가 여러 번 대중매체에 오르내렸다. 이들이 회심한 것은 무엇이고, 다시 옛 생활 패턴으로 돌아간 것과 회심은 어떤 관계가 있을까. 우리도 회심을 하지만 회심을 통해서 우리가 가진 옛 생활의 패턴을 짧은 시일 내에 바꾸기는 어렵다. 회심은 동기부여는 되지만, 옛 습성과 싸우는 긴 시간을 필요로 한다.

이는 두 가지 면에서 우리에게 교훈을 준다. 첫째는 우리가 수십 년간 몸담아 온 직업이나 생활은 하루아침에 바뀌지 않는다는 점이다. 회개는 우리에게 동기부여를 주어서 새 생활로의 시작을 하게 하지만, 이미 우리가 수십 년 살았던 생활의 방식은 우리의 몸과 정신에 남아있기 때문에 일이 생기면 쉽게 그곳으로 가기 쉽다. 둘째는 사도 바울처럼 이들에게 오히려 근신 기간을 가지도록 해서 대중에 노출되는 것을 절제 시켰어야 하는 것이 개인과 한국 교회로 보아서는 더 좋았으리라 생각한다.

개신교인의 무분별한 용서에 대해 고발한 영화가 〈밀양〉이다. 남편과 사별하고 아들을 데리고 남편의 고향으로 온 주인공은 외지에서 어려운 생활 중에도 아들을 의지하면서 살아간다. 그러나 이 아들은 보험금을 노린 한 남성에 의해서 살인을 당하고 만다. 남편과 아들의 죽음으로 혼이 나가 의지할 것 없던 여인이 교회를 찾았다. 교회에서 구원과 용서를 배운 주인공이 아들을 죽인 살인범이 있는 교도소로 용서의 말을 전하러 갔다. 그런데 면회소에서 본 살인범의 얼굴은 편안하고, 자신이 예수님을 믿음으로 용서를 받았다고, 평안함 가운데 감옥생활을 하고 있다고 말하는 것이 아닌가. 이 가련한 여주인공은 화가 나서 이렇게 외친다 "내가 당신을 용서하지 않았는데 누가 당신을 용서했다는 말인가."라고. 이 대목은 값싼 구원의 은혜를 남발하는 개신교를 고발하는 것이다. 그러나 성서는 우리에게 결코 이러한 은혜를 가르친 적이 없다. 예수님도 우리가 예배를 드리다가 누구와 싸운 것이 기억나면 그 사람에게 가서 화해를 한 후에 다시 예물을 드리라고 말씀하셨다. 예수님이 이렇게 말씀하신 것은 잘못된 일이 발생했을 때 가장 중요한 것은 사람과 문제를 우선 해결하는 것이라는 점이다. 그래서 예수님의 말씀들은 철저하게 보편적이리 만큼 평범한 생활과 자연적 소재를 중심으로 전개되고 있다.

중요한 것은 결국 사람이다. 필자는 서른두 살에 필자와는 많이 다른 여성과 결혼을 했다. 아내는 내게 없는 장점을 가지고 있었고, 그것이 좋아서 결혼한 것도 크다. 나와 아내의 가장 다른 점은 집안 정리를 하는 방식이었다. 나는 옷이나 양말을 벗어놓을 때 일정 장소에 벗어놓기보다는 내가 편한 자리에 벗어 놓는다. 오랜 세월 동안 우리 집안에서 배운 방식이다. 나의 어머님은 매일 정결하게 청소하기보다는 몇 일 동안 쌓아놓고 한 날을 잡아서 새벽부터 일을 하신다. 그러나 아내는 눈앞에 있는 물건들이 널려 있으면 반드시 치워야 한다. 처가에서 결혼 전까지 살아온 방식이다. 내가 물건을 아무데나 두면 치울 것을 요청했고, 나는 그 요구대로 제자리에 두었다. 하지만 나는 3일을 넘기지 못하고 다시 옛 생활로 돌아가서 여기저기에 물건을 두기 시작했다. 그러면 아내는 자신의 말을 들어주지 않는다고 불평하다가 마침내 포기해 버렸다. 32년간 몸에 배어 있는 생활 방식이 결혼 후 요구를 받았다고 해서 바뀌지 않는다는 것을 알았다. 아내와 산 지는 몇 달 정도이고 아내를 통해 새로운 생활태도를 요청받았지만, 30여년 동안 내가 생활 속에서 해 온 습성에 따라 더 익숙한 옛 생활로 나도 모르게 돌아간 것이다. 아내에게 이렇게 말했다. 32년 동안 배운 것을 고치려면 30년 정도 걸릴 테니 지켜보라고. 우스갯소리 같지만 23년차 결혼생활을 하면서 나는 긍정적으로 변해 가고 있고, 아내도 변하였다.

사도 바울이라는 인물의 탄생은 바울이 가진 개인적 환경 속 교육과 노력뿐만 아니라 주변의 사회적 환경 등이 영향을 준 결과다. 그래서 한 나라, 한 교회에서 바른 지도자가 탄생하기 위해서는 개인적 노력 외에 주변적 환경 등이 받쳐줘야 한다. 인물은 하루아침에 나타나는 것이 아니라, 오랜 절차와 순서를 거쳐서 탄생한다. 이 점은 한국 교회와 교인들이 급진적인 변화보다는 서서히 변하는 교육에 더 중심을 가져야 한다는 뜻이다. 간혹 교회를 방문하여 교역자들에게 교육에 대한 강조를 하면 두 가지 곤란한 점에 대하여 말한다. 첫째는 교회 교육에 투자를 하면 그 결과를 보기가 어렵고, 결과가 있다 해도 매우 미미하다는 점이다. 가시적인 효과를 볼 수가 없으니 교인과 교역자들이 쉽게 교육을 간과한다는 것이다. 둘째는 교육에 투자할 금액을 제3세계에 선교비로 쓰면 나타나는 가시적인 효과가 커서 서로가 고무가 된다는 점이다. 예를 들어, 교회 교육으로 1년 예산이 1,000만 원이라고 하면, 이것을 어려운 제3세계에 보내어 건물을 짓고 활동을 하면 눈에 보이는 결과물이 나타나기 때문에 이것을 중심으로 교인들에게 호소하기가 용이하다. 선교와 교육은 우리가 반드시 해야 할 목표임에도 이 균형을 상실하고, 가시적 효과에 집중하는 것은 장기적 목표를 상실한 것이 될 것이기에 두 가지의 균형을 가지고 해야 할 것이다.

우리가 사는 오늘이라는 시간은 하나님이 주신 생명이고 기쁨인데, 우리는 이것을 망각한 채 저 멀리 어떤 이상적인 것에 몰두해서 시간을 보내고 있기도 하다. 큰 액수의 복권에 당첨된 사람들의 95% 이상이 수 년 후에 패가망신한다는 통계가 있다. 왜 대박 같은 행운이 자신에게 왔는데 결국은 자신을 망치게 될까? 돈과 권력 또는 명예라는 것은 각 사람이 담당할 수 있는 능력이 있을 때 우리에게 오면 좋은 것이지, 그것을 다스릴 수 없을 때는 그 속성이 우리를 지배하기 때문에 결국은 좋지 않게 끝나고 만다.

아동정신과 의사였던 존 볼비(John Bowlby)는 제2차 세계 대전 후 세계보건기구(WHO)의 부탁을 받아 전쟁 고아들의 심리 상태를 살펴보고 보고서를 발간했고, 그것을 『아동보호와 사랑의 성장(*The child care and the growth of love*)』이라는 책으로 냈다. 이 책에서는 그는 아동의 정신적 성숙을 위해 가장 필요한 것은 물질적인 외부적인 환경이 아니라고 결론 내렸다. 전쟁으로 헐벗고 있지만 아동에게 가장 필요한 것은 부모가 정신적 지주가 되어 공급하는 일관된 사랑이었다.

잠언서에 나온 아굴의 기도도 같은 맥락에 있다고 본다. 사람이 기도 제목을 하나님께 간청을 하며 기도하는 대목이다. 아굴은 보통 사람들이 꿈꾸는 부자가 되거나 출세를 하거나, 권력과 사회적 지위에 대한 기도를 하지 않았다. 그는 부자가 되지 않기를, 또 가난해지지 않기를 기도한다. 자신을 포장하는 거짓과 허위를 멀리할 수 있기를 기도하고, 오늘 하루의 양식에 대한 감사할 수 있는 삶의 자세를 구하고 있다. 아굴은 일생을 살면서 갑자기 환경이 변하는 것보다는, 하루하루 일용할 양식에 대해 감사하며, 자신이 가진 시간과 공간을 다른 것에 돌리기보다는 하나님과의 동행되는 삶이 가장 보편적이고 행복한 삶이라 이해하고 있는 것이다.

사람이 성숙해지고, 신앙이 성숙해지는 것은 어떤 외부적인 환경의 획기적 변화나 물질적인 충족으로 되는 것이 아니다. 그래서 우리가 한 번에 성공을 추구하거나, 신앙의 성숙을 일회성으로 반전하려는 것은 일상생활 중에서 살아가는 모습보다 중요하지 않다. 마태복음 6장에서 예수님은 반석 위에 지은 집과 모래 위에 짓는 집의 비유를 말하고 있다. 집, 어떤 장소라는 것은 인간이 이 외로운 세상에 정착하기 위한 가장 기초적인 단위다. 반석 위에 집을 짓는 것이 힘든 이유는 어쩌면 평생을 두고 매일매일 일정한 시간을 드려서 작업을 해야 하기 때문이다. 모래 위에 집 짓기는 용이한 편이다. 그래서 사람들이 쉬운 것을 택하는지도 모른다. 어려운 것을 피하고 쉬운 것을 선택하려는 사람의 본능은 어려운 일이 닥칠 때 그 본질이 나타나게 된다. 신앙의 성숙은 매일의 생활에 대한 신중한 선택이며, 자유보다는 책임을 먼저 질 줄 아는 교육과 훈련의 과정으로 탄생하는 것이다. 흔히 사람은 자유와 책임을 분리하여 생각하지만, 자유와 책임은 분리할 수 없는 동체다. 우리는 이 두 가지 중의 하나를 선택하면 된다고 하지만, 엄밀한 의미에서 자유는 책임을 진 사람들이 가지는 결과물이다. 자유로운 것을 동경하고 책임을 지지 않으려 하다가, 어느 날 갑자기 대박이나 요행 또는 신앙의 성숙을 생각하는 것은 금물이다. 성숙해지려면 처음부터 반석 위에 짓는 일상의 일을 시작해야 한다.

Chapter 05

국지성과 편재성의 신앙

사람이 하나님이 만드신 이 땅 위에 정착하는 과정에서 '자리(place)'는 매우 중요한 위치를 차지한다. 최초로 중요한 자리는 가정일 것이다. 사람을 사람되게 할 수 있는 가장 기초적인 것을 이곳에서 배운다. 둘째는 성장하여 사회에서 가지게 되는 자리일 것이다. 우리는 최소한 이 두 자리를 위해서 열심히 노력하고, 이것을 정착시키려고 수고를 많이 한다. 그러나 엄격한 의미에서 이 자리들은 우리가 영원히 머무는 자리가 아니라, 하나님이 지시할 곳으로 출발하기 위한 전초기지여야 한다.

사람이 자리를 만들고 수호하고, 더 발전시키려는 것은 불안 때문이다. 이 불안은 시간과 공간에 대한 불안이다. 왜냐하면 시간과 공간은 우리를 늘 유한하게 하는 불안으로 몰아넣기 때문이다. 모든 시간은 과거로 지나가 버리고, 공간의 불안을 이겨내기 위하여 만든 모든 건물 역시 유한하다. 직업을 갖고, 직장에 취직하기 위하여 준비하지만, 그 위치가 영원한 것은 없다. 시기와 때가 되면 물러나야 하고, 그 자리는 우리가 잘 알지 못하는 어떤 사람의 자리가 될 것이다.

시간과 공간의 불안을 누르고 현실을 긍정적으로 받아들이도록 교육하는 최초의 구조는 가정이다. 이 가정이라는 공간을 통해서 우리는 타인을 존중하고 더불어 살아가야 한다는 원칙을 익힌다. 그래서 가정이라는 공간을 위해서 구성원들이, 특히 부모들이 수행하고 훈련받아야 하는 덕목이 많이 있다.

가정이라는 자리에 대하여 부모로서 또는 주된 돌봄자(primary caregivers)로서 최대한의 돌봄과 양육을 제공해야 한다. 인생의 출발이 '불안' 에서 시작되지만 부모의 돌봄을 통해 세상에 대한 안전감을 확인하고, 이 안전감을 바탕으로 희망을 가지게 된다. 모유를 매우 불규칙적이고 부적절하게 공급받으면 아이들은 하나님이 창조하신 세상의 것들이 희망을 가지고 탐험할 대상이 아니라, 공포의 대상이라고 여길 수 있다. 안전하다는 느낌을 가지지 않는 이상, 특별히 아이들은 밖에 있는 것에 호기심을 가지지 못한다. 인생은 바른 신앙 가운데서 희망과 꿈의 실현 장소가 되어야 하고, 탐험과 호기심의 대상이 되는 놀이터가 되어야 한다. 그래야 행복과 의미를 추구하는 인생이 될 수 있다고 생각한다. 그래서 우리의 중요한 임무는 건강한 가정을 형성해 가는 데 힘을 기울이는 것이다. 그러나 이 의무는 최종의 목적이 아니라 다음 단계로 도약하기 위한 전초기지 역할을 하는 것이다.

가정에서 부모의 역할이나 자녀의 역할에 완벽한 사람은 없다. 심리학에서도 완벽주의를 꿈꾸는 사람들은 자기와 가족 구성원, 주변인에게 늘 심리적인 부담과 위험을 초래할 수 있다. 그래서 완벽한 사람이 아니라, '충분히 좋은 부모(good enough parents)' 의 개념이 적합하다. 성적으로 평가하면 B학점 정도의 부모가 되면 충분히 좋은 부모다.

아브라함이 본토, 친척 아비 집을 떠날 수 있었던 것은 심리학적 관점에서는 그가 가진 충분히 좋은 부모의 배경이 있었기 때문이라고 생각한다. 사람이 떠나는 것에는 두 가지 입장이 있다. 하나는 지금 현재에 대한 회피로 도피처를 찾아 떠나는 경우이고, 둘째는 현재 생활이 만족을 주지만, 이것이 최종적인 목적이 아니라는 점을 느끼고 떠나는 경우다. 외형상으로는 다같이 떠나는 것으로 보이지만 내용적인 면에서는 완전히 다르다. 아브라함의 떠남은 현실에 대한 도피가 아니다. 자기와 가정에만 머물러 있는 인류에게 신앙의 뿌리를 깊이 내리게 하려는 하나님의 뜻을 아브라함이 따른 것이다.

진리에는 국지적(局地的)인 것과 편재적(偏在的)인 것이 동시에 존재한다. 국지적인 진리란 내가 자란 곳, 내 환경 속에서 배우고, 경험한 것을 기초로 하여 발견한 진리다. 이 진리가 틀린 것은 아닌데, 완전한 것은 아니다. 편재적인 것은 국지적인 것을 포괄하는 더 넓은 의미의 진리다. 국지적인 것은 좁은 의미에서의 진리이고, 편재적인 것은 넓은 의미에서의 진리다. 국지적인 것만 익혀도 큰 수확이 될 수 있지만, 기독교인에게는 아브라함을 그가 익숙한 문화에 불러내어 새 땅으로 인도하여 내신 하나님의 섭리를 기억하면서 편재적이고 보편적인 하나님의 진리에 가깝게 가도록 자신을 드리는 일이 중요하다.

쉬운 일상생활의 예를 들어 보자. 제주도에서 귤이 많이 생산된다. 제주 사람들은 어떤 귤이 맛있는지 잘 알고 있다. 귤이 반드시 노란색이어야 맛있다고 생각하지 않고, 약간 푸른색을 띈 귤도 충분한 당도와 맛을 가지고 있음을 안다. 그런데 이것을 도시에 있는 마트에 공급하면 문제가 생긴다는 것이다. 소비자들은 노란색을 띄고 있는 귤만이 맛있는 것이라고 생각하고 푸른색을 띄고 있는 귤을 외면한다. 귤에 대하여 가장 잘 알고 있는 사람들은 제주도 귤 생산자들이지만, 소비자들은 자신들이 가지고 있는 선입관이 있기 때문에 결코 푸른색 귤을 구입하지 않는다. 그래서 마트에서는 푸른색의 귤을 가공 처리하여 소비자에게 내놓는다고 한다. 또 한 단계를 거쳐야 하는 절차와 여기에 따른 경제적 비용은 고스란히 소비자들에게 전가되는 것이다. 이렇게 진리와 진리를 따르는 사람들은 자신들이 편한 형태의 믿음을 가지고 생활을 한다.

어떤 출판사 직원과 이야기를 나눈 적이 있다. 우리나라 기독교인들이 읽는 책의 유형은 정해져 있다는 것이다. 책이라는 것은 다양한 작가와 연구가들이 다양한 관점에서 글을 써서 보급하여 독자들에게 지식을 선물하는 것인데, 대부분 한국의 기독교인들이 선호하는 글이 있다는 것이다. 그래서 그것에서 벗어나 출판을 하면 전혀 팔리지 않는다고 한다. 그래서 번역 서적도 한국 교인의 입맛에 맞는 경향의 것만을 주로 번역한다고 한다. 우리 입맛에 맞는 것만 하니 일종의 편식을 하는 것이고, 그렇게 되면 적합한 영양분이 공급되지 않게 될 것이다.

과거에 줄기세포와 연관된 논문 조작 사건이 세간을 떠들썩하게 만들었다. 그런데 이 사건이 논문조작이라는 결론이 국내외에서 밝혀졌음에도 불구하고, 줄기세포 연구의 긍정적인 결과를 믿고 따르는 무리가 있었다. 그리고 그들은 논문조작이라는 것은 특정인을 음해하려는 정치 공작이라는 말을 하곤 했다. 이렇게 주장하는 사람들의 대부분은 자신들이 가진 질병이 줄기세포의 연구를 통해서 완치될 수 있다는 희망을 가진 사람들이었다고 생각한다. 자신의 질병이 연구를 통해 완치될 것이라는 확신을 가졌기에, 논문이 조작되었음에도 불구하고 그것을 자신의 편의에 따라 맹신한 것이다.

신앙에서의 국지성과 편재성은 일종에 화해가 필요하다.[1] 내가 가진 국지적인 신앙만을 주장하면 이것은 분쟁과 논쟁을 불러일으키고, 비타협과 분열을 발생시킨다. 사람이 자신들만 가진 것이 바른 것이라고 하는 가장 큰 이유는 이렇게 자기 것만을 주장하지 않으면 뿌리가 흔들리기 때문에 자신들이 머물 장소를 확보하려고 하는 것이다.[2] 왜냐하면 자신이 가진 것을 떠나는 것은 약간의 죽음을 의미하기 때문이며, 사람은 늘 자기중심적으로 생각하기 쉽기 때문이다. 아브라함 역시 어느 정도 죽음에 대한 공포가 있었을 것이다. 그러나 그가 떠날 수 있었던 것은 하나님에 대한 편재성적인 신앙이 있었기 때문이다. 그래서 국지적인 신앙에서 또 다른 성숙한 단계로 진입을 한 것이다. 국지적인 신앙의 성숙은 반드시 필요하지만, 이것을 절대적으로 생각하면 우리는 더 큰 편재성의 신앙에 대해서 문을 닫고 사는 협소한 신앙인이 되고 만다.

기독교 역사에서 천동설과 지동설의 논쟁은 또 다른 예가 된다. 오랫동안 천동설에 익숙한 중세기 교회 지도자들에게 갈릴레오의 지동설은 수용할 수 없는 반역이었다. 이 논리는 자신들이 믿어온 모든 축을 흔들어 놓는 불결한 이단 사상과 같은 것이었기 때문이다. 심리적으로 당시 교회 지도자들은 갈릴레오의 잘못을 지적한 것이라기 보다는 자신들이 믿고 있는 신념 배반당하는 것을 거부한 것이다. 당시 사람들이 믿었던 것은 국지성의 신념이었고, 갈릴레오의 발견은 편재성을 제시한 것이다. 그러나 당시 사람들이 지동설을 거부한 것은 진정한 하나님에 대한 신앙이 아니라, 자기가 믿고 있는 매우 주관적인 하나님의 개념을 포기함으로 이제껏 자신이 가져 온 신앙체계가 변화할 것에 대한 두려움 때문이다. 갈릴레오의 지동설에 대한 논쟁은 오늘날에도 같은 유형으로 현대 사회와 신앙에 존재하고 있다. 끊임없이 우리는 우리 것만을 이야기하고 있는데, 이유는 우리가 가진 것이 허물어진다는 두려움에 아직 다른 것을 수용하지 못하기 때문이다. 그러나 오랜 세월이 지났고, 이제는 갈릴레오의 지동설을 통해 하나님이 지은 세계가 지구에 한정되어 있지 않고, 광활한 우주로 향하고 있다는 사실을 알게 되었다. 인간은 이 방대한 우주의 한 부분, 창조의 한 부분이라는 사실로 인해 더 겸허해진다. 결국 인류는 국지성에 대한 것을 편재성이 도전을 주고, 이 둘 사이의 갈등을 가지고서 편재성을 수용하는 되풀이 되는 구조를 가지고 발전하고 있다.

코넬 대학교의 교수였던 칼 세이건(Carl Sagan)의 책 『코스모스(*Cosmos*)』에서는 우주에 별의 수는 지구상의 바다의 모래 수와 같다는 표현을 한다. 우리가 살고 있는 지구는 위대한 별임은 틀림없지만, 이것은 바다 모래알 중 하나라는 점이다.

인간은 하나님을 어떤 장소에 국한시키고자 하는 신앙을 가지고 있다. 이것은 창세기 에덴동산에서 추방된 이후 인간의 무의식과 의식에서 나타나는 본향으로 돌아가려는 실낙원 콤플렉스다. 종교학자 미르체아 엘리아데(Mircea Eliade)에 의하면 고대인들이 살아가는 가장 큰 이유는 성스러움이었다. 거룩함에 자신들을 맞추어 살아가는 것이 주된 삶의 이유였다. 그래서 어디를 가든지 그 밟는 땅이 신비한 것이고, 그중에서도 하나님이 머무실 만한 자리를 지구의 축(Axis Mundi)라고 해서 특별히 신성하게 여겼다. 성경에도 이를 보여 주는 이야기들이 있다. 예를 들어, 야곱이 천사들의 꿈을 꾸고 나서 제단을 쌓은 베델이라는 곳, 하나님이 창조하신 에덴동산, 예루살렘 등은 고대인들에게는 지구의 축, 즉 하나님이 인간과 만나는 신성한 장소로 여겨진다. 그래서 중세까지 교회는 도시에서 가장 중요한 위치에 있도록 한 것에도 이와 같은 맥락이 있다. 그러나 이러한 특정 장소에 국한된다는 의미가 아니며, 비록 제한적인 장소이지만 이 장소들을 통해서 편재성, 영원성과 교류하는 것을 목적으로 하고 있다.

우리가 자신이 신앙하는 것만이 최고라는 생각을 가지면 이분법 논리에 빠지게 된다. 그래서 자연스럽게 나 이외의 것, 특별히 나와 다른 것에 대하여 반대하는 입장을 분명하게 가진다. 청교도의 신앙이 기독교의 역사에서 좋은 영향을 많이 미친 것도 있지만 부정적인 영향을 미친 것도 있다고 본다. 청교도 신앙은 영혼을 이상화하고 육체를 추악하게 생각하여서 이 둘을 대조시킨다.[3] 교회 역사에서 특별히 초창기에는 이러한 이분법적 사고가 많이 있다. 이것이 소위 이단으로 판단되었던 영지주의(gnosticism) 운동이다.

몸과 영혼을 이분화하는 생각은 몸은 타락의 주체이고, 영은 살리는 것이라는 생각을 갖는다. 초기 교회사에서 영을 가진 것은 남자이고, 육을 가진 것은 여성이라는 시각을 가지고 있었다. 그래서 남자가 가진 영과 이성은 바른 것이고, 육을 가진 여성들은 영혼이 없다는 생각까지 했다. 이분법적 신앙과 사고는 매우 분명해 보이지만 분명히 심리적 결핍을 낳게 된다.

우리나라에 복어를 좋아하는 사람들이 많이 있다. 복어는 전문요리사가 다루어야 하는 매우 치명적인 독을 가지고 있다. 그런데 복어에는 다른 생선에서 느끼기 어려운 어떤 특유의 맛이 있다. 이 맛 때문에 복어를 먹는다고 생각한다. 이 맛은 복어 독이 주는 특유의 맛이다. 복어 전문요리사는 이 강한 복어 독을 조절함에 따라 맛을 조절한다. 그래서 복어국 맛의 비결은 사람이 죽지 않고 맛을 볼 수 있는 그 지점을 찾아내는 것이라고 한다. 너무 많으면 치사량에 가까워서 사람에게 치명적인 독국이 되지만, 가장 근접하면서도 근접하지 않는 그 지점을 찾아야 한다. 또 너무 적으면 복어국 특유의 향이 없어 먹는 이가 선호하지 않는다.

몸과 영혼에 대한 것도 마찬가지이고, 국지성과 편재성에 대한 신앙도 마찬가지다. 한쪽으로 치우치면 복어국이 너무 맛이 없거나, 혹은 사람에게 치명적인 독이 되어 사망에 이르게 된다. 그래서 몸을 중요시 하되 몸은 영혼을 향하고, 이 양자의 상호관계성이 항상 있어야 한다. 우리가 가진 국지적 신앙은 항상 바울이 '우리가 지금은 거울로 보는 것 같이 희미하나, 그때가 되면 얼굴과 얼굴을 보는 것이 확실해 진다' 했던 신앙고백을 가져야 한다. 이것은 바울의 국지적 신앙이 진실한 것이지만 아직은 희미한 것이고, 언젠가 때가 되면 편재성의 신앙으로 온전하게 깨달으리라는 의미다.

후 주

1 Paul Tournier, 인간의 자리(*Place for you*), 김석도 역(서울: NUN, 2009), p. 67.
2 같은 책.
3 같은 책, p. 103.

Chapter 06

대중성과 전문성을 가진 신앙

사람의 의식은 시대에 따라 빠르게 변화한다. 이것이 수백 년, 또는 수천 년의 기간을 두고 굵직하게 변하는 큰 틀도 있겠지만, 한 세대의 차이로도 수없이 많이 변모하는 것을 본다. 불과 30년 전에 TV에 비친 사람들의 모습을 보고, 아나운서들의 목소리를 들으면 마치 북한 사람들의 모습을 보는 것처럼 어색하게 느끼는 경우가 많다.

1900년대 초 미국인들이 평생 가장 멀리 갈 수 있었던 거리는 150마일이다. 서울에서 대전까지의 거리다. 운송수단이 좋지 않고, 도로가 없었던 시절에 사람이 평생 많이 움직여야 그 정도밖에 갈 수가 없었으니, 현재와 비교하면 정말 많은 것이 제한되어 있었다. 지금도 현대화의 문명 혜택을 누리지 못하는 나라는 거의 비슷한 처지일 것이다. 그리고 그들의 수명도 평균 40세 정도에 그쳐, 평균연

령 80세를 바라보는 현대인으로서는 상상하기 힘든 상황이다.

많은 변화 중 가장 큰 변화는 개인 신분의 변화일 것이다. 이 신분의 변화에 가장 큰 영향을 준 것은 르네상스, 종교개혁운동, 산업혁명일 것이다. 이 세 가지의 공통점은 권위적 집단과 개인으로부터, 고정된 신분적 사회로부터 나, 개인의 중요성을 가지는 것이라고 본다. 권위주의적 집단으로부터 탈피하여 나를 찾아가는 현상은 대가족 제도에서 소가족 제도로 변한 가족제도를 볼 수 있고, 근래에는 대도시를 중심으로 홀로 사는 가족들이 증가하는 것도 같은 맥락이다.

과거에는 개인이 가족을 위해서 희생해야 한다는 사회적 분위기가 있었다. 그래서 특별히 여성인 어머니들이 남편과 자녀들을 위해, 때로는 시집을 위해 혼신을 다해서 살았고, 다른 가족들이 잘되는 것을 통해서 자신들이 살아가는 의미를 가졌다. 그러나 오늘날에는 집단에서 개인 중심으로 가치가 변하였기 때문에 더 이상 집단의 가치가 개인의 가치를 지배하기는 어려운 사회에 있다.

구원도 집단사회체제에서는 집단적인 차원에서 신앙고백을 통해서 발생하였다면, 오늘날에는 철저하게 개인의 신앙고백을 통해 구원이 이루어진다고 본다. 종교개혁자 마르틴 루터(Martin Luther)의 만인제사장설 주장은 교황이라는 한 집단과 획일적 신앙관에 대해 정면 승부를 한 것이다. 교황이라는, 또는 성직자라는 특정한 한 사람도 중요하지만, 하나님 앞에 모든 인간이 평등하기에 각 개인은 하나님 앞에 모두가 한 인간으로서 부름을 받은 신성한 존재인 것이다. 성서가 각국어로 번역되어, 라틴어로 기록되어 학습된 성직자들만이 볼 수 있고, 강해할 수 있었던 것이 각국 언어로 번역되어 평신도들이 읽을 수 있고, 때로는 설교를 할 수 있게 된 것도 하나님 앞에 서는 개인의 중요성을 말한 것이다.

지금부터 10여 년 전에 한 일간지의 사회면에 신촌에서 보는 대학생들의 풍토를 풍자한 글이나 방송이 간혹 나오곤 했다. 대학생들이 당시 천 원하는 점심을 먹고, 3, 4천 원하는 커피를 마시며 생활한다는 내용이었다. 아마 그 당시 대부분의 국민들이 이러한 대학생들의 풍토를 보면서 우리의 현실하고는 맞지 않는다고 했을 것이다. 그리고 10여 년의 시간이 지나갔다. 많은 것들이 변화하는 가운데 사람들에게 가장 큰 영향을 끼치는 것은 무엇일까? 여러 가지가 있겠지만, 사람들에게 보이지 않게 영향을 미치는 것은 '의식(意識)'의 변화일 것이다.

다시 커피 이야기로 돌아가자. 2011년도 국내 커피 수입액이 4년 전보다 3배가 늘어났다. 이 양은 1년에 성인이 1인당 338잔을 마신다는 것으로, 이는 성인들이 매일 1잔씩은 커피를 마신다는 것이다. 2007년 커피 수입액이 2억 3,100만 달러에서 2011년에는 7억 1,700만 달러로 물량 기준으로는 4년 전보다 43.8%가 증가하였고, 4년 전보다 1인당 43.8%를 더 마신다는 얘기다. 커피 산업의 추정 매출액이 올해 4조원을 넘어섰다. 글로벌 경제 위기와 우리나라가 처한 경제적 어려움에도 불구하고 커피 산업은 매년 20%씩 증가한다. 20%라는 것은 정말 대단한 성장이다. 나라 경제가 7%의 성장을 할 때 우리는 고속성장이라는 말을 했는데, 커피시장이 20%의 성장을 한다는 것은 기하급수적 성장과 같은 것이다.

한 대형마트의 몇 년 전 통계에 의하면 단일 품목으로 가장 많이 팔리는 것이 커피믹스였다. 한 봉지에 수십 개에서 수백 개가 들어 있는데 이것을 사람들이 가장 많이 구매하는 품목이었다. 그런데 요사이는 어떻게 판도가 변화하는지 이제는 원두커피와 드립커피를 구매하는 매니아층들이 점점 증가되고 있는 추세다. 그리고 지금 커피시장에 가장 매출을 많이 올리는 것이 마트에서 파는 커피가 아니라, 사람들이 모여서 이야기할 수 있는 커피점이 되었다.[1]

2012년도 통계로는 전국적으로 커피점을 비롯해서 음료를 판매하는 매장 수가 3만 5천 개 정도가 된다고 한다. 필자가 근무하는 대학가 주변에서도 번창하고 새롭게 매장이 생기는 것은 커피점과 베이커리다. 필자가 거주하는 주거지 주변에는 토종 커피점이 들어왔는데 사람들이 제법 몰리고, 대화의 공간으로 사람이 늘 북적인다. 그런데 이런 현상이 나타나자 부근에 있던 다른 상점들이 문을 닫고, 커피전문점으로 업종을 바꾸어 최근 1년 사이에 새로운 대형 커피전문점 4곳이 입점을 하였다. 진풍경 중 하나는 대학가나 기업들이 몰려있는 시내 중심에 점심 시간에 사람들을 보면 10명중 4~5명은 커피를 손에 들고 다니고, 심지어 주일마저도 커피점을 많은 사람들이 이용하고 있어 이제는 커피가 우리 생활의 일부분이 되어버렸다고 할 수 있다.

커피점은 교회 안에도 많이 있다. 여러 가지 이유에서 교회 내에 커피점이 있지만 크게 두 가지 이유가 있다고 생각한다. 첫째는 교회가 교인들만의 공간이 아니기에, 평일에 교회 공간을 이웃주민들을 위해 개방할 수 있는 것 중의 하나가 커피점이기 때문일 것이다. 둘째는 교인들에게도 예배 전후로, 그리고 평일 날에도 만나서 이야기할 공간을 제공할 필요가 있는 것이다. 그렇다면 커피가 상징하는 것은 무엇이고, 이 커피 문화의 확산은 현대를 살아가는 사람들에게 어떤 영향을 미치는가? 커피전문점만이 아니라 앞서 지적한 베이커리도 마찬가지로 번창하는 업종 중 하나인데 이러한 것은 어떤 의식의 변화를 주고, 받을 수 있을까?

교회는 신성한 영역이라 여겨서 교회 안에 커피점과 같은 것이 들어올 수 없다는 고정관념이 어느 사이 변하여, 교회는 교인만이 아니라 지역사회를 위해서 교회를 개방하여 사용할 수 있는 장소가 되어야 한다고 생각하는 사람들이 많아졌다. 교회 안에서 악기를 연주할 수 없다는 생각을 했던 시절이 있었다. 1970년대만 해도 기타와 같은 대중적인 악기가 예배에 등장하는 것은 상상하기 어려운 것이었다. 피아노나 오르간 같은 류의 악기는 비교적 익숙했기 때문에 가능했다. 교회를 구원을 선포하는 단체로 생각하여 사회에 대한 관심을 가지는 것을 거부하는 교회가 있었고, 심지어 사회에 관심을 가지는 것이 교회의 본질을 왜곡한다는 이분법적 시각을 가진 시기도 있었다. 그러나 과거 이러한 제약들은 시대가 변함에 따라 많이 변하였다. 그래서 예배와 교회를 위한 어떤 도구를 사용하는 것이 교회의 본질에 관한 문제가 아니라는 생각을 한다.

가난한 시절에 커피는 그리 환영받지 못했다. 밥이 목적이었던 시절이고, 돈을 벌고 출세하는 것이 살아가는 최대의 목적이고, 남들이 일을 하고 뛰니까, 나도 그 부류에 함께 들어가 정신없이 뛰던 시절이 있었다. 그러나 커피가 우리의 생활 속에 들어옴으로써 밥이 주식에서 서서히 밀려나고, 갈수록 국민이 소비하는 쌀 소비량은 적어지고, 대신 빵과 밀가루 음식이 그 자리에 들어오고 있다. 그래서 커피와 빵에 대한 관심은 과거에 생존하느라 바빴던 시절에 간과했던 부수적인 것들에 대한 관심이 높아지고 있다는 것이다. 돈을 버는 것도 좋지만, 커피와 빵을 통해서 대화를 하면서 서로의 공감대를 가지려는 것이다. 4, 5천 원 커피 값을 지불하고 두세 시간 한자리에서 수다를 떨면서, 대화의 수다 형식은 각 개인이 가진 마음의 짐을 잠시나마 내려놓음으로써 긴장을 풀고, 이것이 다시 생활의 활력을 제공할 수 있기 때문이다. 그렇기에 밥값과 비슷한 커피 값을 지불하는 것은 어쩌면 생활의 당연한 일부분이 된 것인지 모른다.

커피와 빵에 대한 관심은 대화의 풍토가 형성된다는 것이고, 과거 수직적 문화에서 대화를 통한 수평적 문화가 형성되고 있다는 것이다. 밥상을 준비하는 고되고, 절차가 복잡한 환경에서 가족에 헌신하는 것도 좋지만 빵과 같은 간단한 메뉴로 준비하여 가족이지만 개인이기도 한 각 구성원이 간편함과 자유로운 시간을 가지고 싶어 하는 욕구가 있는 것이다. 컴퓨터 검색어로 가장 많이 검색되는 용어가 '일상' '소소함' 이라는 것도 현대인의 마음을 잘 나타낸다. 이러한 현상은 사회문화적인 요인이 반드시 있고, 여기에 대한 의견은 뒤에 언급이 되겠지만 중요한 것은 이러한 현상들이 권위적 구조에서 구속받지 않고, 개인이 존중되는 편안한 구조로 가려는 의식의 움직임을 보여 준다는 사실이다.

커피와 빵이 우리의 생활과 의식에 변화를 주는 이 시대가 기독교인들과 교회에 주는 의미는 무엇일까? 이것은 현재 우리의 의식이 수평적 대화 의식으로 가고 있고, 상대를 배려하지 않는 권위를 회피한다는 생각을 하고 있는 것이다. 그러면 과거 교회나 목회자가 가진 권위는 현대인들에게는 어떻게 호소되어야 할 것인가? 필자는 이 권위가 사회와 사람들에게 '의미(meaning)'를 줄 수 있는 것이 되어야 하고, 동시에 '흥미/재미'를 유발시키는 주체가 되어야 한다고 생각한다. 과거의 권위적 · 집단적 체제로부터 현대의 커피와 빵에 익숙한 세대의 인생의 의미와 재미를 동시에 추구하는 세대가 되었다. 필자는 이것이 복음이나 교회의 변질이 아니라 이 시대를 살아가고 있는 형식의 변화라고 생각한다.

〈느낌표!〉라는 주말 TV 프로그램이 있었다. 많은 시청자들이 이 프로그램을 시청하면서 웃기도 하고 울기도 했다. 이 방송 기획자의 말을 들어 보았는데 자신은 프로그램을 만들 때 항상 전문성과 대중성을 의식한다고 하였다. 크게 공감되는 말이었다. 요새 TV 프로그램 중에는 연예인들의 신변잡기를 그저 늘어놓기만 하거나, 웃는 것으로 끝나는 식의 프로가 많다. 막말로 먹고 즐기자는 식의 프로그램이 한동안 유행처럼 번졌다. 웃음을 선사하는 것은 물론 매우 중요하지만 웃음만으로는 안 된다. 웃음과 함께 '의미'가 있어야 그 프로그램을 본 시청자들의 시간이 허탈한 것이 되지 않는다.

대중성과 전문성의 균형은 모든 분야에 적용되어야 한다고 본다. 아무리 훌륭하고 좋은 지식과 정보라 하더라도 이것이 소수 전문가만 이해하는 것이고, 대중들에게 호소할 수 있는 아무런 방법이 없다면 그 전문적 지식이 가진 한계성이 있다. 예술 분야도 같은 맥락이다. 너무 대중성만이 있다면, 대중이 거기에만 몰입한다면, 그것은 철학자 쇠렌 키르케고르(Søren Kierkegaard)가 지적한 대중심리의 모순을 보는 것이다. 그는 대중이 대중심리에 빠지는 가장 큰 원인이 자신을 세울 정체성(identity)의 빈약으로 인해 자신을 어디엔가 소속시켜야 하는 데, 가장 쉬운 방법으로 자신을 대중 속으로 들어가게 하는 것이라 했다. 예술이 좀 더 효과적이기 위해서 전문성은 대중성과 더불어 불가피한 요소다. 예술을 하는 그 행위에 전문성을 예술가가 느끼고 체험한 주관적인 의미의 세계를 공익적인 면에서 제공해야 한다. 동시에 전문성이 가지고 있는 의미성이라는 것은 전문 분야가 대중과 호흡하되, 창조적 소수자(creative minors)의 구도적 입장에서 길을 제시하는 역할을 해야 한다.

교회, 교리, 목회자 그리고 성서는 가부장적 권위적 세계의 표상으로 가고 있는 것은 아닌지 자문해 본다. 젊은이들은 교회를 떠나는 추세이고, 교회의 성장은 오래 전부터 멈추어 있는 실정이다. 청년들이 권위적 세계에 대한 저항은 2012년 대선 과정에서 분명히 드러났다. 대선 주자로 나선 안철수 씨를 왜 젊은이들이, 새로운 변화를 원하는 층들이 그렇게 열렬하게 원했는가? 이 문제는 정치인들이 무척 부끄럽게 생각해야 할 문제인 것 같다. 정치에 전혀 발을 대지 않은 안철수 씨를 이 나라의 대통령으로 열망한 것은 여러 이유가 있겠지만 가장 큰 원인은 기존 정치권에 대한 불신과 새로운 정치 풍토에 대한 강한 갈망일 것이다. 필자가 보기에 안철수 씨가 정치에 경험이 없음에도 이렇게 많은 사람들의 지지를 받은 것은 유권자들이 어떤 사람을 뽑아도 대중이 염원하는 유토피아는 오지 않을 것이라고 생각하기 때문인 듯 싶다. 모두가 한 통속으로 개인과 집단의 이기주의에서 벗어나지 못한다는 인상을 강하게 받았기 때문에 대중이 안철수 씨를 선호한 것이다.

대중을 이해하려 하지 않고, 개인과 집단의 논리에만 서는 것에 대하여 청년과 청년의 정신을 가진 사람들이 강하게 부정하고 있다. 이러한 상황에서 교회와 목회자들은 무엇을 할 것인가 하는 자문을 해 보아야 한다. 교회와 목회자들이 아무리 좋은 것을 내놓는다 할지라도 그것이 대중에게 이해되고 호소력을 가지지 못한다면, 전문가의 지식이 대중화되지 못하고 사장되는 것과 같다. 사복음서를 통한 예수님의 말씀과 교훈에 오늘날 교회와 목회자가 익숙하게 쓰는 전문적인 용어는 별로 없다. 그는 모두가 대중이 친숙하게 알 수 있는 예로 비유하여 설명했고, 대중들은 쉽게 이해했다. 예수님이 쉽게 설명한 오늘날 교회와 목회자들이 너무 어렵게 설명하고 있는 것은 아닌지 모르겠다.

기독교인들 중에 스님들이 쓰신 책을 읽어 보는 독자층이 꽤 있는 것 같다. 필자가 아는 한 장로님은 법정 스님의 글을 무척이나 좋아하는 분인데, 어느 날 한탄하듯 기독교계에는 왜 법정 스님처럼 글을 쓸 수 있는 목회자가 없는가 하는 반문을 제기한 적이 있다. 가슴 아픈 이야기지만 목회자들은 설교집을 쓰고, 신학자들은 너무 전문화되어 그 분야의 사람들만 이해하는 글을 쓰는 것에 익숙해져 있다. 또는 평신도들이 자신들에게 익숙한 신앙서적 형태의 글만 선호하기도 한다. 예수님은 하나님의 말씀을 중생들에게 가르치기 위해 우리의 일상생활과 자연 속에서 발생하는 일들과 연관시켜 하나님 나라를 설명하였다.

신학과 성서는 왜 그렇게 복잡하고 공식적으로 되어야 하는가 하는 자문을 해 본다. 성서는 기독교인만을 위한 말씀이 아니고, 모든 인류가 필요로 하는 하나님 말씀이어야 한다. 성서가 기독교인만을 위한 것이라 한다면 우리는 성서를 이해하는 데 맞는 단어와 공식과 방법을 익힌 이후에 그것을 이해할 수 있을 것이다. 필자가 보기에 오늘 한국 교회는 성서가 좀 더 생활 속에 가까이 접근하여 하나님의 교훈을 보여 주는 것이 필요하다.

종교개혁 전에는 성서를 읽고 말씀을 가르치는 것이 성직자들만의 신성한 영역이었으나, 종교개혁 이후 모든 신자가 성서를 읽고 공부할 수 있게 되었다. 이 성서는 교회를 넘어, 종교를 넘어 모든 대중에게 가야 한다. 그렇지 않으면 이 성서는 우리만의 성서로 끝날 것이다. 이런 것을 위해 교회와 목회자들은 오늘날 대중이 가진 생활 속의 관심사가 무엇인가를 고민해야 한다. 교회와 목회자들이 가진 전문성이 대중성과 함께 호흡을 해야 한다.

신학자 파울 틸리히(Paul Tillich)는 자신이 하는 신학의 방법론을 변증법적 신학 방법론이라고 하였다. 1950년대 상황에서는 획기적인 방법론이었다. 이것은 교회와 목회자들은 세상에 사는 사람들이 생활 속에서 가진 문제를 가지고 문의를 하면 그것에 대하여 답을 제시할 수 있어야 한다는 방법론이다. 당시에는 케리그마 신학 방법론이 유행이었는데, 이것은 말씀은 선포가 되고, 회중이 여기에 따라야 한다는 선포신학이었다. 오늘날은 여기서 한 걸음 더 나가서, 말씀의 대중화를 위해서 예수님이 그리 하신 것과 같이 생활과 자연 속에서 하나님의 뜻을 볼 수 있는 혜안이 열려야 한다.

필자는 간혹 대중기도를 할 때 섬뜩하게 놀랄 때가 있다. 필자의 입에서는 기도 용어와 내용이 나오는데 마음속에는 감동과 진정성이 없었기 때문이다. 이유가 무엇인지 곰곰이 생각해 보았는데, 필자가 수십 년간 교회와 예배에 참석하면서 친숙해진 용어를 아무런 생각 없이 버릇처럼 기도했기 때문이었다. 우리에게 친숙한 것이, 너무 친숙해서 우리에게는 전문성이 되지만 이웃에게는 공감을 줄 수 없는 요소들이 무엇인가 숙고해야 한다.

전문성은 반드시 대중성을 가져야 하고, 대중성은 전문성을 가져야 한다. 이 양자는 서로를 견제함으로써 우리가 너무 대중성에 파묻히지 않도록 하고, 우리가 전문성에 빠져 우리만 아는 지식과 용어에 익숙해질 수 있는 독선을 엄중히 경고한다. 너무 한쪽으로 균형이 쳐지는 것은 힘을 가질 수 있으나, 균형을 깨는 것은 독선이기 때문에 악을 구조화하기 쉽게 한다. 신학과 기독교 신앙이 하나님이 인류에게 주신 유산이면, 이것은 교회 안과 교인 안에만 갇혀 있는 신학과 신앙이 되어서는 안 된다. 교회 안에 기독교 안에 갇혀 있는 것은 우리끼리만의 신앙이 되고, 교리가 된다. 그렇게 되면 이것은 단결이 매우 잘 되는 것 같으나, 장기적으로는 편협하고, 독단적인 교리주의에 빠지기 쉽다.

전문성이 아무리 뛰어나더라도 대중이 이해하지 못하면 무용지물이다. 신학과 기독교 신앙은 대중 속으로 들어가 사람들이 공감하고, 이해하며, 아하! 라고 감탄할 수 있는 내용이 전달되어야 한다. 이렇게 되지 못한 것은 우리가 편협과 독단에 빠져 있었기 때문이다.

클래식 음악의 고전이며 지금까지 연주되고, 애호가들에게 사랑을 받는 음악이 될 수 있었던 데는 원곡 자체가 그대로 전수가 된 것이 아니라 원곡을 발견하여 그 곡을 오랫동안 편곡하고, 연주해서 들려 주었던 발굴가, 편곡자, 연주자가 있었기 때문이다. 바흐의 〈무반주 첼로 모음곡〉이 유명해진 것은 그 악보를 발견하여 오랫동안 연습한 카잘스라는 연주자 덕분이었다. 모차르트의 곡은 멘델스존이라는 음악가가 있었기에 대중에게 잘 소개된 것이고, 비발디의 음악은 이탈리아의 실내 합주단인 이 무지치의 소개로 더 많은 사람들에게 알려졌다. 대중은 알지 못하는데 전문성을 가진 사람들이 현장성에 대한 고민 없이 고집만 한다면 대중과 전문성을 가진 사람 사이에는 영원한 괴리가 생길 것이다. 기독교의 보편적 진리가 마치 전문성인양 교회 안에서만, 기독교인끼리만 소통이 되는 것이라면 그것은 사상이고 이념이지 진리가 아니다. 진리는 모든 인종을 포함하고, 모든 사람에게 다가갈 수 있고, 그리고 그것을 읽고 들었을 때 마음속 깊이 공감이 되어야 한다. 교회 안에 갇히고, 기독교인 안에만 머 물렀던 복음은 이제 대중 속으로 깊이 진입해서 생활과 삶 속에 만나게 되는 보편성의 진리를 갖고 이 전문성에 있는 것을 대중화하고 보편화할 사람들을 찾아야 한다.

후주

1 2013년 3월 25일자 〈조선일보〉 기사를 참조하기 바란다.

Chapter 07

보편성 신앙과 특수성 신앙의 갈등

우리는 신앙생활을 하면서 하나님의 뜻이 어디에 있을까 하는 질문을 자주하게 된다. 미래의 전공과 직업에 대한 문제를 가지고 있는 사람들은 어떤 전공과 직업을 택해야 할지 고민을 하게 된다. 한 유대인 랍비가 해 준 말이 생각난다. 그는 우리가 사후에 하나님 나라에 가면 하나님이 제일 먼저 우리가 정말 하고 싶은 일을 세상에서 하고 살았는가에 대한 질문을 한다는 것이다. 하나님의 뜻과 우리가 좋아하고 잘 할 수 있는 일은 긴밀한 관계가 있다는 뜻이다.

부모들과 대화를 나누다 보면 거기서 하나님의 마음을 보는 것 같을 때가 있다. 부모들에게 자녀들은 평생 좋은 동반자도 될 수 있지만 평생 관심을 가져야 할 정신적인 짐이기도 한다. 아흔이 훌쩍 넘은 한 어머님이 칠순을 바라보는 아들이 기침을 자주 하자 아들을 데리고 소아과 병원을 방문했다는 이야기가 있다. 부모님들이 출가한 자녀들에게 가장 바라는 바는 효도보다도 그 자녀가 이룬 가정이 평온한 가운데 서로를 위하면서 행복하게 살아가는 것을 보는 것이 가장 큰 소원일 것이다. 그 후에 여력이 되면 부모를 도와주기를 바랄 것이다.

우리는 감히 우리가 하나님의 영광을 위해서 태어났다고 말하고, 그 영광을 위해서 일하겠다고 맹세하기도 하는데, 그것은 피조물된 우리의 생각에서가 아닐까 싶다. 하나님의 입장에서는 부모가 자녀를 생각하는 것과 같이 우선은 주어진 가족, 일, 그리고 이웃들과 서로를 위하면서 살아가는 모습을 보는 것이 하나님의 기본적인 뜻이리라 생각한다. 자녀가 여럿이면 자녀마다 다양한 특성을 가지고 있다. 그중에는 부모의 뜻 이상으로 부모를 잘 섬기는 자녀가 있는가 하면, 맘은 있지만 현실이 그렇지 못해 하지 못하는 자녀도 있고, 오히려 부모와 형제들에게 피해를 끼치는 자녀들도 있다. 형제 입장에서 이렇게 속을 썩이는 형제를 보면 정말 미움이 머리끝까지 올라오기도 할 것이다. 그래서 효도를 하는 형제들이 부모에게 그 속 썩이는 형제에 대하여 화를 내면서 말하면 부모들은 그 사실을 인정하면서도 한편으로는 그 속 썩이는 자녀에게 더 측은한 마음이 간다고 한다. 형제 입장에서야 시시비비를 가려 잘못을 지적할 수 있지만, 부모 입장에서 오히려 그 아들딸로 인해 더 마음이 아리고, 가여운 마음이 든다는 것이다.

우리를 향한 하나님의 뜻을 이해하는 데는 가장 보편적인 원칙을 기본으로 이해하고 있어야 한다. 그 보편적인 원칙은 앞서 이야기한 우리가 가장 잘할 수 있는 것, 가장 좋아하는 것과 연관이 있다. 우리가 사는 일상생활, 가정, 사회생활에서 서로를 위하고, 때로는 가족 구성원을 위해 나를 양보, 희생하고, 책임을 다하는 인생살이의 기본이 되는 원칙들이다. 문제는 우리가 부분적 타락이든 전적 타락이든 인간이 너무나 자기중심적이기 때문에 이 보편적인 원칙을 제대로 지키지 못하는 것이다. 하나님이 우리에게 체험과 은혜를 허락하는 가장 중요한 이유는 이 무너진 보편성의 원칙을 복원하도록 하는 것이 제일 우선이기 때문이라고 생각한다.

사람이 가진 심리적 방어기제(self-defense mechanism) 중 '특별성(specialness)'에 주목하는 심리학자도 있다.[1] 심리적 방어기제는 이것을 사용하면 할수록 자신을 정확하고 객관적으로 보는 데 실패하게 된다. 보통 모두가 자신을 특별한 사람이라고 생각한다. 예를 들어, 남들은 다 그렇게 해도 나는 안 그럴 것이고, 남들에게 어떤 일이 일어나도 나에게는 발생하지 않을 것이라는 생각과 믿음이다. 만일 자신이 특별하다는 것이 무너지면 2차로 자신의 생각과 공조해 줄 사람을 찾는 방어를 택하게 된다.

한번은 교인들의 수첩에 있는 사진을 본 적이 있었다. 그런데 놀랍게도 수첩의 얼굴이 현재의 얼굴과는 큰 차이가 있었다. 수첩 얼굴은 매우 잘 나왔을 뿐 아니라 수년 전의 모습, 매우 젊어 보이는 얼굴이었다. 만일 초신자가 와서 이 사진을 보고 사람을 찾으려 하면 혼란스러울 것 같은 걱정이 되었다. 사진과 현재의 얼굴의 오차를 좁히기 위하여 실제적인 사진을 가져오도록 부탁을 했지만 교인들은 여전히 젊고, 화사하게 미소 짓는 사진을 가지고 왔다. 왜 이렇게 현실적인 사진을 가져오지 않을까 하는 생각을 했다. 그러던 차에 어느 날 아내가 사무실을 잠시 방문한 적이 있었는데 연구실 모니터 바탕화면을 보게 되었다. 책상 모니터에는 지난 가족여행 사진을 깔아둔 상태였는데, 아내가 그 사진을 다른 것으로 교체했으면 했다. 이유를 물으니 남편인 필자의 모습은 매우 잘 나왔지만 아이와 아내의 얼굴은 눈을 반쯤 감고 있거나 입을 대각선으로 벌리고 있기 때문이라 했다. 가족사진도 다른 가족을 아랑곳 하지 않고 자신 중심으로 보고, 자신이 잘나온 것만 보는 사람의 자기중심성을 본 경험이었다.

은혜를 받은 후 우리가 해야 할 과제는 흐트러진 자신과 사람들과의 관계 회복이다. 필자는 그 답이 우리가 소홀히 한 가장 보편적 인간 도리에 대한 회복에 있다고 본다. 부모에 대한 배려, 형제자매에 대한 돌봄, 가족과 가정에 대한 회복, 그리고 이웃과의 관계 회복이다. 하나님이 우리에게 여러 가지 체험과 은혜를 허락하는 가장 큰 이유는 보편성에 대한 회복이지 특별성이 아니다. 이 보편적인 질서를 무시하고 특별한 것, 하나님과의 관계만 회복하면 된다는 것은 매우 일방적인 것이고 특수한 것이기 때문에 어느 누구에게도 감동을 줄 수 없다. 그래서 혹자는 이런 사람을 보면 광신도라고도 한다.

모든 대인관계의 문제나 개인의 문제는 바로 자신이 특별하다는 생각만을 가지고 있을 때 발생한다. 신앙 안에서 우리가 모두 특별한 사람인 것은 맞는 말이다. 그러나 이 특별함이 최종 목적이 아니다. 특별함의 목적은 우리가 보통의 사람, 보편성의 원칙에 충실한 사람이 되는 것이다. 예를 들어, 변화산에 올라 간 제자들은 예수님이 모세와 엘리야와 함께 있는 초자연적이고 특별한 경험을 하게 되었다. 이 초월적 체험을 유지하기 위해 베드로가 초막을 세 개를 만들어 거하게 하자는 제의를 예수님께 한 적이 있다. 이때 예수님은 이 황홀경에 빠진 제자들에게 동네로 내려갈 것은 말하였다. 이 내용은 영적인 체험의 결과는 일상생활로의 복귀이고, 그곳에서의 열매를 맺는 것임을 보여 준다. 신앙은 현실로 돌아가는 것이고, 현실에서 어그러진 것을 회복하는 것이다.

필리핀은 열대 지역이기에 특별히 바다에 신비한 색을 가진 생물체와 물고기가 많이 있다. 학생들과 함께 봉사하러 갔다가 마지막 이틀을 섬에서 지내게 되었다. 쉬는 동안에 바닷속을 관찰할 기회가 있었다. 생애 처음으로 바다 안을 헤엄을 치면서 너무나 신비로운 생명체, 지상에서는 볼 수 없는 신비감을 체험했다. 또 다른 신비로움에 마음을 통째로 빼앗긴 것 같았고, 정신없이 물속에서 몇 시간을 보냈다. 필리핀에는 이러한 아름다운 해저가 많이 있고, 스쿠버 다이버들이 찾는 세계 3대 명소 중의 하나가 그 나라에 있다고 한다. 그런데 몇 해 전 한 유명한 스쿠버 다이버가 그 곳에서 스쿠버 다이빙을 하고서는 이 아름다움에 도취되어, 자신을 바위에 스스로 묶어 자살하고 말았다. 열대 바다의 아름다움의 도취가 생과 사를 구분하지 못하게 한 결과였다. 특별한 체험이나 특별한 것에 몰두하는 것은 보편성을 잃게 하는 위험성이 늘 뇌관처럼 도사리고 있다.

우리가 특별한 영적인 신비한 체험을 하는 목적은 그 신비에만 몰두하고자 하는 것이 아니다. 만일 우리가 신비함이 최종 목적이고, 그것을 추구한다면 그것은 분명히 우리가 가진 심리적 결핍에서 오는 과욕이다. 굶으면 음식을 너무 많이 먹고, 음식에 대한 욕심을 가지는 것이 인간의 구조다. 심한 심리적 결핍에서 체험된 신앙이 잘못하면 자신만을 생각하고, 자신의 것만이 특별하다는 생각을 하기 쉽다는 의미다. 하나님은 오히려 우리에게 신비한 영적 체험을 주신 후 그것을 기반으로 우리의 현실적 생활로 복귀할 것을 말씀하신다. 그리고 우리는 신앙이 깊어질수록 하나님이 우리에게 신비한 영적 체험을 주지 않더라도, 그분이 우리를 바르게 인도하고 있다는 것을 확신하고, 우리가 회복해야 할 과제가 현실에 있다는 사실을 안다.

수도원의 영성은 반드시 생활로의 회귀를 목표로 해야 한다. 아니면 수도원 영성은 생활에 지친 사람들에게 현실적으로 풀어나갈 수 있는 길을 제시할 수 있는 기관이 되어야 한다. 그러나 수도원 영성이 수도원 자체 내에서만 갇혀 버리고 외부에 대하여 전혀 영향을 미칠 수 없다면 큰 소득이 없다고 본다. 영적인 것만이 중요하다고 하면 하나님이 우리의 몸을 만들지 않았을 것이다. 몸이 필요하기 때문에 우리를 이렇게 만드신 것이다. 영과 몸은 불가분의 관계이고 이 양자가 융합되어 서로에게 유익을 미칠 수 있다. 영은 몸이라는 현실을 외면하지 말아야 한다. 영이 몸이라는 현실을 외면하면 그것은 특별성의 방어이고, 한쪽으로 치우치기 때문에 외골수적인 신앙을 가지게 된다. 그리고 외골수적인 것은 불균형으로 인해 사고의 잠재성을 가지고 있다. 그리고 또한 몸은 영과의 조화를 외면하지 말아야 한다. 몸만 중요시한다면, 현실이 중요하지만 현실 논리만으로 이 세상을 살아간다는 것은 너무 삭막하다. 자녀를 향한 부모의 사랑은 논리만을 기초로 하지 않는다.

아이가 태어나서 부모로부터 돌봄을 받다 보면 '전능성의 환영(hallucination of omnipotence)' 이라는 시기를 거치게 된다. 부모가 아이에게 적극적으로 돌봄을 제공하는 과정에서 아이는 자신의 뜻대로 움직이는 부모를 보면서 세상이 자신이 원하는 대로 움직인다고 생각하는 일종의 착각 시기를 가지게 된다는 뜻이다. 아이는 자신의 뜻대로 모든 것이 된다는 전능감을 가지게 된다. 이러한 과정 중에 부모가 자신의 요구대로 움직이지 않는 순간을 경험하게 되면, 부모에 대한 불신을 가지게 된다. 그래서 나에게 잘해 주는 부모와 잘 못하는 부모를 이분법적으로 구별하게 되고, 잘해 주는 부모가 진정한 부모이고, 잘 못해 주는 부모는 부모가 아니라고 생각한다.

미성숙한 아이는 이런 이분법적 사고를 가지고 살아간다. 그리고 이러한 생각을 하는 순간부터 아이의 정신적 성숙은 멈춰버린다. 부부지간도, 부모와 자녀 사이도, 그리고 대인관계에서도 우리에게 100% 만족을 주는 사람은 이 세상에 없다. 모든 살아 있는 사람은 그림자를 가지고 있다. 그림자는 우리가 실수해서, 때로는 우리의 몸과 마음이 움직이지 않아서, 혹은 우리가 가진 이기적 생각으로 상대를 배려하지 못하는 면이다. 이것을 수용하지 않고 상대가 나에게 완벽하게 잘 대해 줘야 한다는 생각을 가지는 자체가 매우 미성숙한 사람의 모습이다. 이렇게 되면 성인도 아이도 정신적 성장을 멈추는 것이다.

아이가 다시 정신적 성장을 시작하는 시기는 자신에게 잘해 주는 부모와 못해 주는 부모가 같은 부모라는 생각을 할 때다. 이때야 비로소 이분법적 생각을 버리기 시작한다. 그리고 이러한 이분법적 생각을 버리면서 정신적 성숙이 시작된다. 미성숙한 아이는 부모의 모든 것이 자신의 요구에 따라서 움직여야 한다는 생각을 한다. 미성숙한 아이만이 아니라, 성인도 이러한 생각을 하면 정신적 성숙이 멈춘다.

신앙을 처음 가지는 초기에는 하나님이 우리에게 여러 가지 체험을 주신다. 이렇게 특별한 것을 우리에게 주는 가장 큰 이유는 구조적으로 어두운 세상 속에서 하나님의 뜻에 따라 살아가도록 하려는 확신을 주기 위한 것이라 생각한다. 그리고 기도할 때 기도에 대하여 하나님의 어떤 분명한 메시지가 없는 것 같아도 우리가 처음에 받은 신앙을 기초로 하여 하나님의 뜻을 이해할 수 있다. 신자들 중에는 기도할 때마다 신비한 체험을 하고, 분명한 메시지를 받아야 한다고 생각하고, 이러한 현상이 없어 실족하는 사람도 있다.

토마스 아퀴나스(Thomas Aquinas)는 십자군 전쟁 이후 이슬람의 문명을 접하게 되었다. 이 문명을 접하면서 그가 받은 충격은 이슬람의 문명이 기독교 문명보다 뛰어나다는 것이었다. 그는 어째서 하나님을 믿는 기독교 국가보다 이슬람문명이 더 발전되어 있을까 하는 질문을 가졌다. 아퀴나스가 이것을 고민하면서 만들어낸 교리가 하나님의 특별은혜와 보편은혜에 대한 교리다.

특별은혜는 예수 그리스도를 통하여 하나님이 허락한 구원을 얻는 것을 칭하는 것이고, 보편은혜는 예수 그리스도를 알지 못하더라도 하나님이 지구와 인류에게 허락한 보편적 법칙에 따라 살아가는 사람이 받는 은혜를 말한다. 하나님은 믿는 자들에게만 시간과 공간을 주는 것이 아니라 믿지 않는 사람에게도 준다. 인류는 양심과 선과 같은 선천적인 규례들을 가지고 있기 때문에 이 법칙에 준하여 살아가려는 사람들, 선을 베풀며 살아가는 사람들은 하나님의 보편적 은혜를 입고 살기 마련이라는 것이다.

우리 시대의 교회와 교인들의 문제는 선택받은 백성인 특별성을 가지고 있는 우리들이 지역사회와 이웃들이 생각하는 보편적 생활 규범을 따라 가지 못하기 때문이다. 우리는 특별하다고 믿고 외치는데, 객관적으로 밖에서 보는 사람들은 교회와 교인들이 보편성의 원리도 따르지 못하면서, 교회는 이렇게 하는 것을 하나님의 뜻이라는 매우 특별한 방식으로 처리한다는 점이다. 그리고 일반인들이 느끼는 보편적 생활에서 하나님의 뜻을 보려는 시도보다는, 이미 있는 답이라는 특별성을 가지고 접근을 하기 때문에 보통 사람들이 기독교를 대하는 데 어려움을 느낀다.

특별하다고 하는데 그 특별성이 보편성을 포함하지 못하면, 그것은 독선, 아집, 균형을 잃은 후에는 악적인 요소가 충분히 나타난다. 이제는 고인이 된 작가 이청준씨가 1980년대에 쓴 소설 〈당신들의 천국〉이 있다. 소설 속의 한 집단이 천국을 외치고 있는데, 그것은 당신들의 천국이지, 보편적 의미에서의 우리들의 천국은 아니라는 이야기다. 즉, 현대의 기독교인들은 천국을 외치며 신앙생활을 하지만 외부에서 보면 그것은 보편성을 잃고 있으며, 특수한 종교 집단이 자신들만의 신념을 가지고 있는 집단처럼 보인다는 의미다.

하나님은 늘 완전하게 일을 하시고 우리를 이끌고 있다. 그러나 그 하나님을 믿고 있다는 사람은 어느 정도 가변적이다. 문제는 바로 이점이다. 그래서 우리가 완벽하지 않기 때문에 교회와 교인은 늘 스스로 정화할 수 있는 것을 만들어야 하는데, 필자는 그것이 특수성과 보편성의 논리라고 생각한다. 교회가 특별하다, 신자가 특별하다고 하는 것은 맞는 말이지만 이러한 주장은 늘 보편적인 원리에 의해서 점검받아야 한다. 세상살이는 모든 면에서 두 가지의 축이 서로에게 긴장을 주면서 살아가는 것이 가장 건강한 구조다. 여당이 있을 때는 그것을 견제해 줄 수 있는 야당이 있어야 한다. 특별성이라는 것은 개인과 집단에게 힘을 실어 주기 때문에 한계와 죄성을 가진 인간은 특별성을 기반으로 해서 자기와 집단의 이기주의에 빠지게 된다. 이렇게 균형을 잃게 되면 처음에는 신앙으로 시작했지만 후에는 균형 상실은 한쪽에 힘을 실어 주기 때문에 마성적인 힘으로 변할 수 있다. 세상을 생각하지 않는 교회나, 교회를 생각하지 않는 세상은 둘 다 마성적인 힘으로 사람을 유린할 수 있는 가능성을 가지고 있다.

특수성은 보편적이고 객관적인 사실에 기초하여 검증을 받아야 한다. 앞서 언급한 성육신의 교리도 전능하신 특수성을 가진 하나님이 보편적인 인간인 예수로 오신 것도 이러한 의미다. 이는 진정한 특수성은 반드시 보편성이 된다는 것을 보여 준 것이다. 그래서 특수성을 외치면서 보편성을 띄지 않는 것은 우리가 아직도 덜 성숙한 아이이고, 전능성의 환영에 빠져 있어 신앙과 정신적 성숙이 멈춰 있으나 그 멈춤을 알지 못하고 까부는 철없는 아이임을 보여 준다.

한국 교회, 목회자 그리고 교인들에게 하나님이 원하는 것은 매우 단순하지 않을까 싶다. 흐트러져 있고, 꼬여 있는 보편적 원칙, 상식에 대한 회복이다. 그리고 이 상식에 대한 최초 회복의 시작은 나와 가족과 가정이다. 이 원칙을 보지 못하는 신앙은 심리적 결핍에서 오는 우상적 신앙, 우리의 간절한 필요에 의해 우리 스스로가 만든 인조적 하나님을 신앙하고 있는 것이다. 그래서 우리는 늘 깨어서 하나님 위에 계신 하나님을 찾는 신앙생활이 필요하다. 하나님은 우리의 필요에 의해 만든 인위적 하나님이고, 하나님 위의 하나님은 진정한 하나님이다. 인정하기 어려울 수 있지만 수도원과 현실의 생활 속에서 이것을 해결하려고 노력하는 과정이 하나님 나라에 가까운 현실이 될 것이다.

후주

1 미국 스탠퍼드 대학교의 교수였고, 실존주의 심리치료의 이론을 정립한 Irvin Yalom이다.

Part 3
열정과 함정

Chapter 08

법과 사랑의 딜레마

사람이 어떤 일을 하든 일의 결정에 있어서 법을 우선할 것인가 사랑을 우선할 것인가 하는 딜레마에 빠진다. 법을 우선하자니 사람이 울고, 사랑을 우선하자니 법의 질서가 흐트러지기 때문이다. 이러한 일은 가정에서부터 시작하여 신앙생활에서도 편만하게 진행되고 있다.

부모님의 말을 잘 이해하지 못하는 어린아이들은 부모님의 어떤 것을 보고 느끼면서 행동을 하게 될까. 그것은 부모님이 보이는 모습을 자신의 오감을 통해서 확인한다. 부모의 눈동자, 피부 촉감, 음색의 높낮이, 얼굴 표정 등을 통해서 부모의 정서를 읽는다. 법과 사랑이라는 이 두 가지의 방법이 효과를 거두기를 위해서는 사랑에 기초한 법이 시행되어야 한다. 잘못한 것에 대해 법을 적용하되, 처벌을 받는 사람이 자신이 사랑에 기초해 처벌받는다는 사실을 느낄 수 있게 하는 것이 가장 바람직하다.

오래 전에 지인으로부터 강아지 한 마리를 입양해서 키운 적이 있다. 요크셔 테리어로, 크기는 작지만 원래 도둑을 지키는 강아지여서 아주 매섭게 짖어대는 종이었다. 입양 당시에는 잘 몰랐지만, 시간이 지나면서 몸 성한 곳이 별로 없고, 장난을 치거나, 사람에게 반응을 하지 않는 강아지임을 알게 되었다. 추측컨대 분명히 정신적으로 어디가 아픈 강아지였다. 대소변을 가리는 훈련이 되어 있지 않아 강아지는 집안 여기저기에 소변을 보곤 했다. 우리 세 식구는 강아지에 대해 각자 역할이 분담하여 돌보았다. 나는 대소변 치우기와 소변 훈련 담당을 했고, 2~3주에 한 번씩 목욕을 시켜 주었다. 그뿐 아니라 털에 대변이 묻으면 그것을 처리해 주고, 긴 털을 깎아 주기도 했다. 사람 목욕이야 쉽지만, 강아지를 목욕시키고, 털을 말려 주는 일련의 긴 과정은 허리가 빠지는 것과 같은 고통이었다. 아내는 강아지 밥을 담당했다. 지극 정성으로 반찬과 먹이를 교체해 주기도 했고, 치아가 좋지 않았기 때문에 밥을 먹을 때는 무릎에 앉힌 후에 밥을 씹어서 입에 넣어 주곤 했다. 그때 나는 속으로 저런 밥은 평생 한 번도 못 얻어먹었는데 저 강아지는 거의 매일 저렇게 먹는구나 하는 생각도하곤 했다. 아내는 이것 때문에 나보다는 개에게 더 신경을 쓰는 것 같았다. 그 당시 내가 내린 결론에 따르면 아내는 입시 준비로 바쁜 아들에게 에너지의 80%를 쓰고, 강아지에게 15%, 그리고 나에게 5% 정도 할애하는 것 같았다. 아들의 역할은 아무것도 없었다. 내 기억으로는 대소변 한 번 치운 것을 본 적이 없는 것 같다. 그런데 아들이 하는 일은 학교 다녀온 후 강아지를 무릎에 앉혀

쓰다듬어 주고, 얘기를 하는 정도였다.

이상한 것은 우리 세 사람이 강아지에게 이리 오라고 하면 녀석은 아들한테만 가는 것이었다. 나와 아내는 너무도 서운해했다. 나는 강아지가 먹을 것을 공급한 주체이고, 대소변, 목욕 등 힘든 일을 도맡아 하는데 나에게 별 관심이 없었다. 아내에게도 마찬가지였다. 먹을 것을 정성스럽게 준비하였고, 남편에게도 주지 않는 씹은 밥을 매일 떠먹여 주는데 강아지가 자신의 정성을 외면하는 것 같은 느낌을 받았다. 우리 두 사람의 문제는 이러한 힘든 일을 하는데 그것을 마지못해서 의무감으로 했지, 사랑을 가지고 하지 않았다는 점이다. 아들은 비록 힘든 일은 하지 않았지만 사랑을 가지고 강아지를 대해 준 것이다.

영특한 강아지는 자기가 좋아하는 주인이 몇 시에 올 것이라는 기대를 가지고 그 시간이 되면 주인을 기다렸다. 이 강아지도 아들만을 좋아하니, 아이가 올 시간쯤 되면 아파트 문 쪽으로 얼굴을 향하고, 애처롭게 기다린다. 그러다 내가 들어오면 실망했다는 듯이 그냥 자기 자리로 돌아가 버리곤 했다.

예수님이 구약성서 호세아 6장 6절에 "나는 자비를 원하고, 제사를 원치 않는다"라는 말을 인용하신 바 있다. 당시 세리와 죄인들과 식사하는 예수님을 비난한 바리새파 사람들을 향해 하신 말씀이다. 제사는 법이고 자비는 사랑이다. 이 두 가지는 현재에도 우리에게 형식과 내용이라는 주제를 가지고 항상 따라다닌다. 이 중에 어느 하나를 소홀히 하면 균형이 깨질 수밖에 없어 조심스럽다. 그럼에도 불구하고 우리가 예배를 드린다고 하면서 자비를 상실해 버리면 가장 핵심을 상실하는 것이다. 예배는 우리가 반드시 지켜야 할 것이지만 예배를 통해 하나님의 자비하심과 우리가 생활 속에 나타내야 할 자비가 중심이 되어야 한다. 예수님의 말씀은 당시 바리새인들이 예배를 빙자해서 자비를 형편없이 생각하는 관습에 빠진 종교주의자들을 탓하시는 것이다. 예수님은 자비(이웃사랑)가 하나님이 원하는 가장 큰 핵심임을 강조하고, 관료적 종교주의에 빠진 지도자들의 잘못된 점을 지적하고 있다.

1950년대부터 보수적인 강단을 중심으로 해서 오늘날까지 강단에 영향을 미치고 있는 신학은 케리그마 신학이다. 말씀이 선포 되고, 회중은 아멘으로 수용해야 한다는 신학 방향이다. 이 신학 방향이 가진 강점은 말씀의 절대성과 그것에 순종하는 회중의 믿음이다. 단점은 회중이 어떠한 삶의 처지에 놓여 있는지에 대한 고려 없이 목회자가 자신이 준비한 말씀을 선포하고, 그것을 따라야 한다는 일방성에 있다. 예수님의 자비를 원하고 제사를 원치 않는다는 말씀은 적어도 하나님에 대한 신앙을 가진 사람들은 사람들이 살아가는 삶의 상황에 대한 민감성을 가지고 살아가야 한다는 이야기다. 그래야 그곳에서 나타나는 삶의 희로애락을 통해서 진정한 고민과 해결 노력을 통해서 정답은 아니지만 그것에 가까운 답들이 나올 수 있는 것이다. 그런데 이런 것들을 무시하고 일방적으로 선포하면 그것은 자비가 부족하고 예배만 있는 것이다.

중년기에 대한 연구를 한 스위스 심리학자 카를 융(Carl Jung)은 자신을 찾아온 중년 내담자의 2/3가 이유를 알 수 없는 신경증에 시달리고 있다는 사실을 발견을 했다. 그가 임상경험을 통해서 내린 결론은 이러한 신경증은 종교적 차원에서 답이 제공되어야 한다는 것이었다. 중년기에 나타나는 이런 현상은 사람들이 자신의 존재에 대한 존재론적 물음을 시작하는 개성화(individuation)의 과정이기 때문이다. 이 개성화는 기독교적으로 설명하면 이제는 하나님 앞에서 자신의 존재와 의미를 새롭게 발견해 가는 것이다. 개성화는 일생에 걸친 과정이지만 본격적으로는 중년에 시작된다고 보고 있다. 그런데 이런 중요한 일련의 물음을 왜 목회자에게 물어보지 않고, 심리학자인 자신에게 물어보는지 의구심을 표현하면서 당시 기독교계의 지도자를 향해 일침을 놓았다. 이런 질문을 가지고 온 평신도들에게 기독교계 지도자들은 틀에 박힌 답만 했던 것이다. 틀에 박힌 답이란 그 답에서 진정성을 가지고 고민한 흔적을 찾을 수 없는 것들이다. 한마디로 학습의 반복을 통해 주입된 생명력 없는 교리, 어쩌면 맹신일 수도 있는 것이다.

간혹 우리가 하는 대중 기도나 공적으로 말하는 내용을 곰곰이 씹어 보면 우리는 진실성을 가지고 이러한 것을 하는 것이 아니라, 한 교회에서 때로는 어떤 사람이 하는 내용을 자주 들어서 우리에게 감명 없이 인식된 생명력이 적은 언어라는 생각이 들 때가 있다. 우리가 하나님에게 진정성을 가지려는 유대인들이 교육에서 사용하는 왜? 어떻게? 하는 질문을 가지고 한국 교회에서 일반적으로 수용하고 있는 것들에 대하여 고민하고 해결하려는 의지를 가질 때 우리는 교조주의에서 벗어나 진정으로 하나님 뜻에 가까운 교회와 교인이 될 수 있을 것이다. 카를 융이 본 당시 교회와 목회자들의 문제는 교인들이 어떠한 삶의 상황에서 어떠한 고민에 빠져있는지에 대한 관심 없이 관습적으로 내려오는 교리와 형식에 집중하여 상담과 교육을 하려는 태도였다.

자비와 예배는 불가분의 관계다. 예배는 하나님의 자비로 우리를 격려하고, 자비는 우리로 하여금 하나님으로 복귀하게 한다. 그래서 강단에서의 설교만이 아니라, 우리가 살아가는 현장을 만나고, 보고, 체험함으로써 교회와 교인들은 어떻게 현장의 물음에 대하여 답을 해 줄지 진지하게 고민할 자세를 만들어 준다. 필자가 신학을 하면서 가장 실망한 것은 선생님들을 찾아가 신학적 문제로 상담을 하면, 교수님은 신정론을 먼저 말하거나, 시간이 지나면 하나님의 뜻이 나타난다는 모범 답을 제시하는 것에 대한 실망이었다. 좀 더 열린 마음으로 사람과 사람의 현장에 대한 고민을 하는 솔직한 고뇌를 듣고 싶었던 것이 당시 마음이었다.

의심되지만 믿어야 한다 혹은 믿지 말아라 하는 식의 신앙 교육은 사람을 개방적으로 만들지 않고 오히려 내용보다는 형식에 집중하게 하거나, 뜻보다는 문자에 관심을 두게 하는 율법주의 신앙에 빠지게 한다. 그래서 사람을 하나님이 원하는 자비에서부터 멀어지게 하고, 자비 대 예배라는 이분법적 시각으로 보게 한다. 이런 것이 과거, 혹은 지금도 가지고 있는 교회의 문제가 아니던가. 이런 식의 신앙은 우리의 본질은 예배에 가까워진다고 생각하지만 삶에는 활기와 기쁨이 없는 것이다. 죽도록 교회에 충성을 한다고 하지만 정작 자신의 생활에는 생기와 감사가 없다. 이것의 가장 큰 이유는 우리가 가진 자비와 예배에 대한 이중적인 태도 때문이다.

'뜻을 알면 문자를 버린다' 라는 말이 있다. 성 아우구스티누스

(St. Augustinus)는 “우리가 진정 하나님의 뜻을 알면 성서를 버릴 수 있다.” 라는 말도 했다. 이 말은 성서를 버리라는 것이 아니라, 진정한 하나님의 의도가 중요하다는 의미다. 그러나 우리가 하나님의 뜻을 왜곡하고 있기 때문에 뜻에 집중하기보다는 얽히기 쉬운 문자에 몰두를 하는 것이다. 즉, 법에 몰두하는 것이다. 법은 사람을 살리지 못한다. 법은 필요하지만 법 안에 사랑이 기초로 되어 있지 않으면 그 법은 사람을 해치거나, 사람을 구속하는 도구로 전락한다. 그리고 우리는 거대한 문자주의 혹은 율법주의 안에서 생명력 없이 살아갈 것이다.

아프리카의 한 부족에 이제껏 범죄 없는 마을이 있다고 한다. 그 마을에서는 잘못을 하는 사람을 치리하는 규정이 특이하다고 한다. 보통 잘못을 하면 벌을 내리지만, 이 부족은 잘못한 사람을 가운데 세워놓고 모든 부족원이 줄을 선 후 한 명씩 그에게 다가가 잘못한 사람이 평상시 자신에게 잘해 주었던 고마운 일에 대하여 이야기를 한다고 한다. 그런데 이런 이야기를 하다 보면 잘못을 저지른 사람이 어느 사이에 울음을 터트리고, 자신의 잘못을 진정으로 반성하고 새롭게 살아갈 수 있는 힘을 받는다는 것이다.

법도 중요하지만 사랑은 이러한 힘을 가지고 있다. 법을 시행하되 사랑 없이 하면 냉혹함과 두려움만이 있을 뿐이다. 기독교와 타 종교와 관계도 이런 맥락에서 봐야 할 필요가 있다. 우리가 율법주의적 관점에서만 본다면, 이것은 이념적 전투가 되기 때문에 끝이 나지 않는 싸움이 된다. 그러나 자비의 관점에서 보자. 이 세상 모든 사람이 하나님의 피조물이다. 그들이 타 종교를 가지고 있어도, 종교를 가지고 있지 않아도, 심지어 기독교를 반대하고 하나님의 존재에 대해 부정을 해도 모든 사람은 하나님의 피조물이다. 이 마음으로 이들과 대화를 할 수 있다면 우리는 더 성숙한 기독교인 될 수 있으리라 생각한다. 우리가 입을 막고 담을 쌓는 것은 타인들에 대한 묵시적 증오와 미움이고, 이것은 뜻을 알지 못하고 문자에 집착한 결과다.

사람이 타 피조물보다 뛰어난 데는 여러 가지 이유가 있다. 우리는 신학적으로 이것을 하나님의 형상을 가졌기 때문이라고 표현하기도 한다. 신학자 파울 틸리히(Paul Tillich)는 하나님의 형상을 가진 사람들이 인류 문명을 형성하면서 세 가지 특성 있는 것들을 만들었는데 그것이 종교, 도덕, 문화라고 했다. 인간의 불안과 제한성은 사람들로 하여금 종교에 대한 관심을 가지게 했고 그것을 만들었다. 그런데 전 세계 전쟁의 90% 이상이 종교로 인해 발생한다는 모순을 우리는 지금도 보고 있다. 그래서 가수 존 레논의 노래 〈Imagine〉의 가사에는 '종교가 없는 세상이 있는 것을 상상해 보세요' 라는 대목이 있다. 종교가 오히려 사람과 사람 사이를 분리시키고, 악의 대상으로 만들고, 상대를 대적하고 싸워야 할 대상으로 만든다는 의미다. 이 모든 이유는 어리석은 사람들이 뜻에 대한 것보다는 문자에 집중함으로써 발생하는 결과다.

프린스턴 신학대학의 목회상담교수였던 도널드 캡스(Donald Capps)는 법에 관심을 가지고 있으나, 뜻을 알지 못하고 뜻을 버리는 종교적 성향에 대해 "헛된 공의를 나타내거나 내용이 없는 통회(vain display of righteousness or empty contrition)"를 하는 것이라고 지적했다.[1] 법과 율법을 운운하지만 실제로는 내용이 전혀 없고, 회개를 한다고 하지만 사랑이 기초가 되지 않는 법을 가지고 있는 기쁨과 활력을 상실한 채 신앙생활하는 사람을 이르며, 이런 방식은 회개를 해도 내용이 없는 회개로 그친다는 의미다.

성서에 있는 여러 가지 내용과 사건들이 기독교인이 신앙을 가질 때 법보다는 사랑을, 문자보다는 뜻에 집중할 것을 말하고 있다. 누가복음 15장에 언급된 탕자의 비유가 하나님의 마음을 잘 표현하고 있다. 자녀를 이기는 부모는 없다. 지금 부모인 사람들도 한때는 자녀였고, 자주 부모들과 충돌한 적이 있을 것이다. 그러나 결국 부모들은 대부분 자녀들의 뜻에 양보를 하였다. 그래서 사랑은 내리 사랑이라는 말이 있다. 자녀는 부모의 사랑을 모르고 부모들을 세상에서 떠나보내고, 자녀가 부모가 되었을 때 그 자녀들도 비슷한 과정을 밟지 않을까 생각한다. 하나님에 대한 우리의 마음도 마찬가지다. 하나님은 늘 우리의 고집과 요구에 법대로 하시기보다는 탕자처럼 규모 없이 함부로 하는 자녀에게 그 요청대로 들어주시고, 그 자녀가 다시 정신 차리고 돌아오길 기다리시며, 그가 돌아왔을 때 기쁨으로 환대해 주시는 하나님이다. 그래서 누가복음의 탕자 비유는 하나님이 법보다는 사랑에 더 많은 관심을 가지고 관대히 기다리시는 분임을 보여 주고 있다.

사도 바울의 할례에 대한 의견은 당시 사회에서는 종교개혁과 같은 선언이었다. 바울은 표피에 하는 것이 아니라, 진정한 할례는 마음에 하는 것이라고 선언했다. 율법을 벗어나지 못하는 사람들, 법에 얽매여 사랑을 보지 못하는 사람들, 문자에 집중하여 뜻을 상실한 사람들에게 표피에 표시를 남기는 할례는 하나님의 백성이 되는 최고의 의례였다. 그러나 하나님의 진정한 뜻인 자비를 아는 사람들에게는 이런 의례가 핵심이 아니었기에 과감히 선언하며, 마음이 더 중요함을 말했다. 예수님도 사람의 밖에 있는 것이 사람을 더럽게 하는 것이 아니라, 사람의 안에 있는 것이 사람을 더 추하게 한다고 말씀하셨다. 그런데 우리는 밖이 더 중요하다고 생각하고, 이것을 지키고 전승함으로써 바른 신앙을 가지는 것이라는 생각을 가지고 있다. 그러나 이렇게 지키는 대부분의 사람들의 마음에는 기쁨과 활력이 없다. 이미 이러한 신앙은 중심을 이탈하고, 주객이 전도된 것이다. 예수님이 십자가에 끌려가는 길에 우는 여인들을 보고, 예루살렘의 딸들에게 예수님의 고난을 보고 울지 말고, 그 자신들의 아들 딸들을 위해 울라고 말씀하셨다. 법에 얽매여 있는 신앙은 하나님을 위한다는 명목을 가지고 있지만, 정작 예수님은 자신을 위해 울 필요가 없고 우리 자신을 위해 울라고 하신 것이다. 그것은 하나님은 사람에게 제일 관심을 가지고 계신데, 믿는 자들은 하나님이 제일 관심이라고 생각하기 때문이다.

요사이 TV 광고는 몇 년 전과 달리 매우 혁신적이고 소비지향적으로 마음을 혹하게 하는 광고가 대부분이다. 과거에는 대기업들이 자사를 선전하는 광고에서 과거에는 자신들의 기업이 얼마나 크고, 일류인가를 많이 과시했지만, 요즘에는 이런 광고를 거의 하지 않는다. 그런 광고를 하면 시대의 흐름에 뒤지는 것이기 때문이다. 기업 대부분은 '사람을 생각하는 기업' 이라는 이미지를 주기 위해 노력

한다. 교회와 기독교인들이, 그리고 부모들이 하나님을 위하여 라고 자주 말하지만 그 말에 어쩌면 자기도 모르는 함정이 있을 수 있다.

오래 전에 나온 소설 중에 〈순교자〉라는 작품이 있다. 한국전쟁 이후 한 가톨릭 마을을 중심으로 발생했던 일을 배경으로 한 소설이다. 이 소설은 처음에 영어로 출판되었고, 후에 한국어로 번역되었다. 한 마을에 있는 독실한 가톨릭 신자들이 북한군에게 끌려갔고, 끌려간 장소에서 배교를 강요받았다. 성화에 침을 뱉고, 밟으면 목숨을 살려 준다는 조건이었다. 그런데 이 중에 한 명만이 신앙의 정절을 지키고 나머지는 배교를 하였다. 북한군은 약속과 달리 이 한 명을 진정한 신자로 여겨 살려 주었고 나머지는 살해하였다. 혼자 살아온 사람이 마을에 왔을 때는 사실과는 다른 소문이 마을을 지배하고 있었다. 살아 돌아온 사람은 배교를 했기에 산 것이고, 나머지 사람은 신앙을 지키기 위해 순교를 한 것이라는 소문이었다. 마을에서는 이미 죽은 자들을 성자로 추대하기 시작하였고, 그들의 신앙의 발자취를 앙모하는 현상이 발생했다. 그러나 이 살아 돌아온 사람은 배교자라는 낙인이 찍혀 있어 어디를 가나 부자유해지고 말았다. 현실은 사실과 너무나 다른 거짓된 것을 신앙하였지만, 이 사실을 차마 말할 수 없었고, 사실을 받아드릴 수 없는 사람들에 대한 소설이다. 마치 문자에 집착하여 뜻을 버리는 현상이었고, 하나님의 뜻이라고 믿고 있지만 자신들이 만들어 놓은 가짜 진실에 열광하는 것이다. 이 소설은 문자와 뜻에 대한 믿는 자들의 이율배반적인 신앙의 현주소를 지적한다. 진실을 제대로 보려하지 않고, 겉으로 드러난 것으로 모든 것을 판단하고 이것을 신앙으로 생각하는 어리석은 인간의 현주소를 고발하는 소설이다.

도를 닦는 두 청년이 산사에서 내려와 마을로 내려가는 길에 비가 많이 와서 냇가에 물이 넘치게 되었다. 그때 마침 그 내를 건너려 하던 숙녀 한 명이 있었는데 불어난 물에 건너갈 엄두를 못내고 있었다. 이 광경을 목격한 한 청년이 그 숙녀를 자신의 등에 업어 물을 건너게 해 주려고 했다. 딱히 방법이 없었던 이 여인은 도를 닦다 온 청년의 등에 업혀서 물을 건넜다. 그런데 이런 선한 일을 하는 과정을 옆에서 바라보던 다른 청년은 도를 닦는 사람이 어떻게 이 여인을 등에 업고 물을 건널 수 있는가 하며 분을 내었고, 여인을 업어 준 청년에게 어떻게 이런 일을 할 수 있는지를 물었다. 그러나 도움을 준 청년은 마음에 사심이 하나도 없이, 어려움에 처한 사람에게 도움을 주고자 했다고 말했다. 정작 도움을 준 사람은 도를 어긴다는 생각도 없이 사람을 도왔고, 여인을 도운 것이 도를 다한 것이었지만, 그 일을 하지 않는 사람이 도를 운운하는 이율배반적인 상황을 보여 준다.

1980년대 자살을 한 교회 청년이 있었다. 자살에 대한 사회적 편견이 심하던 시절, 목사님이 장례식을 거부하였다. 하나님이 주신 생명을 자살로 끝내버렸으니 기독교적이지 않다는 말 때문이었다. 청년들이 고민을 하다가 이웃 마을 목사님을 찾아 장례를 부탁을 해서 장례식을 무사히 마쳤다. 자살은 바람직하지 않지만, 장례를 인도해 주지 않는 것은 슬픔을 당한 유가족에 대한 배려가 없는 것이다. 죽은 자의 영은 하나님이 관리해 주지만, 살아 있는 사람들의 슬픔과 충격에는 사람들이 배려해야 하지 않을까. 이것은 마치 안식일에 병을 고치는 예수님을 향해, 안식일에 병을 고쳐 율법을 범했다 말하던 당시 종교 지도자들의 관점과 같은 것이다. 실제로는 자신들의 가축이 실족했을 때 당연히 구해 주는 사람들이 왜 사람들의 생명을 구원하는 예수님을 맹비난했을까. 그것은 사람을 보지 못하고 법과 문자에 파묻혀 마치 그것이 진짜 신앙인 것처럼 가르치는 관료적 신앙 때문이다.

시대는 사람과 이웃을 현장 속에서 도울 수 있는 기독교를 바라고 있다. 사람들이 사람을 생각하는 기업을 보는 것처럼, 국민들은 사람을 먼저 생각할 수 있는 교회를 바라고 있다. 시대는 마치 신앙인 것처럼 여겼던 기존의 틀에 대해 '왜?' 라고 질문하면서 그러면 '어떻게?' 라는 질문을 수없이 고민하면서 살아가는 기독교 공동체를 요구하고 있다.

후주

1 Donald Capps, *Life Cycle Theory and Pastoral Care* (Philadelphia: Fortress Press, 1983), pp. 77-80.

Chapter 09

열정적 신앙의 함정

지독히 어떤 것이나, 어떤 이를 사랑한다는 것은 두 가지 측면에서 보는 것이 좋다. 첫째는 내가 그것을 정말로 좋아해서 하는 것이다. 선천적 성향이 그것을 너무 좋아해서, 아니면 그 사람이 나에게 너무나 잘 조화가 되기 때문에 사랑한다. 둘째는 내가 가진 심리적 결핍을 그것이나 그 사람이 채워 줄 수 있다고 확신하기 때문에 사랑하는 것이다. 첫 번째 이유로 우리가 누군가를 좋아하는 것은 아무런 문제가 없겠지만, 두 번째 이유로 인해 누군가를 사랑한다고 하면 이것은 문제를 발생하게 할 소지가 다분히 있다. 그러나 이 두 가지는 외적 형태에 있어서는 똑같이 열정과 열심을 보인다. 동기에 있어서는 목적이 다르기에 결과도 완전히 다르게 나타난다.

남녀가 사랑할 때, 고백이 너무 지나쳐 '당신 없이는 못산다' '당신이 나와 함께 있지 않으면 죽겠다' 는 식의 고백을 듣고, 이 말에 끌려 사귀거나 결혼에 이르는 사람이 있다. 그러나 이런 고백은 매우 격정적이고 열정적일 수 있지만, 자신의 심리적 욕구에서 발생하는 것이지, 상대방을 배려한 말이나 태도는 아니다. 얼마나 귀중한 목숨인데, 어떤 사람 때문에 죽겠다는 말을 하는 사람은 경계할 필요가 있다. 이런 말을 하는 사람은 자신의 내적 결핍이 크기 때문에 상대를 통해 그 결핍을 채우고자 하는 욕구가 강하기 때문이다.

열정이 담겨 있는 바른 사랑은 상대방에게 무엇이 필요한지를 먼저 알고, 그것에 따른 헌신을 하는 것이다. 그래서 진정한 사랑은 나의 요구에서 시작하지 않고, 상대방의 뜻과 요구를 파악하고 그것을 이루도록 헌신하는 것이다. 필자가 상담을 통해 만난 한 내담자는 남자의 사랑의 요구에 못 이겨서 결혼을 한 여성이었다. 여자는 귀가 얇다고 했던가. 구애하는 남자는 주로 '당신 없이는 죽는다' 는 식의 사랑 고백을 하였다. 처음에는 자신이 선호하는 남성형이 아니어서 관심을 주지 않았지만, 끊임없는 열정적인 사랑 고백에 누가 이 사람보다 나를 사랑할까 하는 확신을 가지고 결혼에 이르렀다. 그러나 대개 이런 사랑은 고백자의 내면 결핍을 상대방이 채워 주길 원하는 것이기 때문에 매우 이기적이다. 결혼을 한 후 며칠이 지나지 않아 시작된 남편의 폭력은 6년간 지속되었다. 아이가 커 갔지만 폭력은 계속되었고, 이 여성은 마침내 이혼을 결심하였다. 비정한 어머니로 남을까 두려웠지만, 이혼을 하였다. 그리고 오랜 시간 동안 세상에 모든 남자들에 대한 불신을 가지게 되었다. 자신을 그토록 사랑한다는 사람이 그렇게 구타를 하였으니, 나와 관계없는 세상 남자들이야 얼마나 더할까 하는 생각을 한 것이다. 이후 다행히 좋은 남성을 다시 만나 새로운 결혼생활을 시작했다는 소식을 들었다.

불안은 인생에 큰 주제이며, 인생의 탄생에서부터 죽음까지 지속되는 과정이다. 사람에 따라 약간의 차이는 있겠지만 이 불안을 어떻게 승화하느냐, 혹은 극복하느냐 하는 과정이 우리 인생길에 중요한 역할을 한다. 불안 가운데 탄생한 아이들이 성장하면서 부모의 보살핌을 받으면 건강한 심리구조를 가지게 된다.

부부나 가족에게 있어 간혹 문제가 심각하게 발생하는 경우는 나에게 상대가 잘해 주기만을 기대하기 때문이다. 필자의 생각으로는 가족들이 내 기대치의 50%만 할 수 있어도 매우 훌륭한 가족이다. 100%을 기대한다는 것은 나의 욕심이다. 가족이 내 기대에 이르면 만족하고, 그 기대에 미치지 못하면 실망하여 가족원을 원망하고, 유아처럼 저렇게 안 해 주는 사람은 나의 가족이 아니라는 이분법적 생각을 가진다.

우리의 요구처럼 살아가는 배우자, 가족, 이웃은 없다. 우리가 가진 요구는 너무 이상적이고, 주관적이다. 성도가 목사에 대한 기대를 가지는 것도 마찬가지다. 한 교회의 지도자의 역할이 중요한 것은 사실이지만, 100%의 완벽한 사람을 기대하는 것은 금물이다. 그렇게 수행할 수 있는 사람이 없기 때문이다. 목사도 정서를 가진 사람이고, 가족을 이루고 있고 이것을 위해 기본적으로 해야 하는 사항들이 있는데 정서적인 기본을 무시하고 과다한 기대를 가지는 성도들이 있다. 역으로 목사가 성도들에게 거는 기대도 마찬가지다. 우리는 모든 사람이 장점과 단점을 가지고 있으며, 밝은 면과 어두운 면을 가지고 있다는 사실을 인식하게 될 때 세상을 바르게 볼 수 있다. 내 편에서의 일방적으로 원하는 것, 내 입장에서 상대를 보려는 것은 일방적이다. 이것은 항상 불편한 관계를 낳고, 불균형으로 인해 악을 낳게 된다.

우상, 또는 우상주의라는 말은 기독교 신앙에 많이 언급되는 용어다. 이 용어가 의미하는 바는 어떤 물체를 만들어 놓고 그것을 하나님인 것처럼 숭배하는 것을 의미하기도 하지만, 특별히 기독교인들에게 이 용어는 하나님에 대한 생각을 나의 입장에서 이미 고정해 놓은 것을 의미한다. 유아가 부모를 내 뜻에 의해서 움직이고 조정된다고 생각하는 것처럼, 우리 안에 있는 우상주의도 그것과 유사하다. 이런 사람에게 하나님은 나의 소원과 나의 기도에 반드시 응답해야 하는 하나님이다. 굉장히 적극적이고 열정적인 신앙인 것 같지만 이것은 내면세계의 문제로 드러내는 것이다. 우리는 하나님의 법과 뜻을 익히고 따르는 것이지, 하나님이 우리의 요구에 따라야 한다는 식의 신앙은 유아기적인 신앙이다. 누구나 어린 시절을 겪는 것처럼 우리 자신도 신앙생활을 시작할 때 유아기적 신앙 단계를 거칠 수 있다. 그리고 이때 유아가 부모의 적극적 반응에 의해 '전능성의 환영' 을 느끼는 것과 같이, 처음 신앙생활을 시작할 때의 체험들은 마치 하나님이 내 기도에 반드시 차츰 응답하시는 것처럼 느껴지게 하는데 이것은 마치 나의 기도에 하나님이 움직인다고 생각하는 어린 신앙인 것이다. 그러나 이러한 결과가 우리 신앙생활의 최종적인 목표가 아니고, 인생을 살면서 하나님의 뜻에 우리를 맞추어서 살아가는 것이 가장 중요한 목적임을 알게 된다.

우리 각자는 마음의 결핍으로 초래된 왜곡된 하나님의 형상을 어느 정도 가지고 있다. 이것은 인간이 불완전하고 실수를 하는 과정에서 우리에게 생긴 정신적인 상태다. 하나님이 우리의 신앙 초기에 여러 가지 체험을 허락하는 가장 큰 이유는 이 세상에서 하나님이 우리와 함께 계심에 대한 확신을 주고자 하심이다. 내가 원한다고 해서 이러한 체험을 이후에도 계속 할 수 있는 것은 아니다. 하나님이 우리에게 뜻하지 않는 신비한 체험을 허락하는 최종 목적은 우리 자신의 변화다.

우리가 가진 신앙에 대한 열정이 과연 어디서 왔는지 곰곰이 주의해야 할 필요가 있다. 이것은 하나님에 대한 진정한 사랑에서 왔는지, 아니면 내가 내 결핍을 채우기 위해 만든 수단인지를 돌아 보는 반성이 자주 있어야 한다. 이러한 예도 될 수 있다. 가정에서 대접을 받지 못하는 배우자들은 그 에너지를 교회에 쏟고, 목회자로부터 관심을 받으려고 부단히 애를 쓰기도 한다. 물론 이 반대의 상황도 있다. 이것은 심리적 용어로 '전이(transference)' 라고 하는데, 이러한 것은 보통 사람들에게도 어느 정도 발생한다. 문제는 너무 과하게 일어날 때 항상 문제가 되는 것이다.

개인화 또는 개별화의 중요성이 희박한 사회에서 사람들은 집단적 체제나 분위기에 의해서 쉽게 조종을 받게 된다. 서구인들이 우리나라에서 생활하면서 공통적으로 이야기하는 것이 있다. 한국은 집단사회를 기초로 하고 있다는 것이다. 외부인들이 한국 사회를 보는 것이 더 정확할 수 있다고 생각한다. 아직도 우리 사회는 집단적 움직임이 개인들의 의식에 자리 잡고 있다. 10여 년 전의 일이지만

2002년 월드컵은 온 국민을 열광의 도가니로 몰아넣었다. 필자는 우리나라가 4강까지 올라갈 줄은 몰랐다. 그러나 8강이 확정되자 필자의 마음도 바뀌어, 얼굴에 페인팅을 하며 응원하였고, 붉은색 티셔츠도 구입하여 입었다. 당시에 1,000여 명이 모여 있는 광장을 우연히 지나가다가 그때 외치는 함성이 사람들을 축구에 몰입시키는 위력도 느껴 보았다.

당시 외국에서 우리나라 사람들의 열정을 지켜보는 것은 대단한 흥밋거리였다. 회사원들은 모든 일을 제쳐놓았고, 학교도 휴강을 하거나, 시험을 연기하는 경우가 많았다. 앞자리에 앉아 응원을 하려고 밤새 자리를 지키는 이들도 있었고, 이런 붉은색 물결이 전국을 모두 덮었다. 외신이 보는 우리나라 사람의 축구 사랑 열정은 대단했다. 그리고 때로는 이러한 집단적 열정이 마치 광기처럼 비쳐지기도 해서, 우리 집단을 움직이는 열정이 무서워 보이기도 할 정도였다. 정말 우리 생애에 잊지 못할 좋은 추억이었다. 이 와중에 외신 기자가 시청 광장의 응원열기를 취재하러 참석하였다. 그때 참석하러 시청 지하철 계단을 올라가는 두 사람의 대화를 듣고 기사를 썼었다. 이 두 사람 중 한 사람은 당시 많은 사람이 입었던 붉은색 티셔츠를 입었고, 다른 한 사람은 흰색 상의를 입고 있었다. 붉은 색을 입고 참석하러 가는 사람이 흰 상의를 입은 사람에게 응원하러 가는데 왜 흰색을 입고 가느냐고 물었다. 이 대화를 들은 외신 기자가 축구하러 가는데 반드시 붉은색을 입어야 한다고 생각하는 한국 사람들의 획일성에 대해 글을 쓴 것이다. 열정 뒤에 도사린 암묵적 강제성에 대한 서구인들의 비판이었다. 왜 축구 경기를 응원하러 가는

데 반드시 붉은색을 입어야 하는가? 축구 응원 자체가 중요하고, 개인에 따른 색상에 대한 기호도 있을 텐데 한국 사람은 이러한 것을 획일적으로 요구를 하는가 질문했다. 한국인들은 응원에 참여하는 내용보다는, 응원하러 가는 데 어떤 특정한 옷을 입어야 한다는 형식에 더 파묻혀 있다는 점을 지적한 내용이다.

열정이 가지고 있는 장점은 사람들을 뜨겁게 하나로 묶어 준다는 것이다. 그러나 맹점은 다양성에 대한 무시다. 사회 전반적으로 우리의 열정은 다양성, 사람이 서로 다르다는 인식이 부족해서, 다르기보다는 '틀리다' 라고 생각한다. 저 사람이 나와 다르다고 생각하면 상대방에 대한 존중이 있을 수 있지만, 저 사람이 나와 틀리다고 생각하면 상대는 나의 편이 아니고 적으로 여겨질 수 있다. 이러한 열정에는 타협과 협상이 없는 것이고, 타협과 협상, 그리고 양보를 하면 마치 이단아처럼 낙인이 찍히기 십상이다.

열정이 잘못되면 사람과 세상을 이분법적으로 보기 쉽게 된다. 이분법적 시각은 흑백논리를 가지고 세상을 살아가게 만든다. 우리가 북한 사회의 구조나 지도자들이 하는 일들을 볼 때마다 흑백논리로 인해 마음이 답답함을 느끼는 것과 같이 성숙하지 못한 사람들은 늘 이러한 구조 속에서 자신과 집단의 정체성을 찾는다. 왜 나와 다른 사람을 나의 적이라고 여기고 있는가. 왜 대다수의 사람이 반드시 집단이 정의해 놓은 것을 추종해야 하는가.

새로운 문화와 다양한 사람들의 유입으로 사회는 조금씩 다양성을 띠게 되지만, 아직 교회와 교인들의 생각은 이 다양성을 주저하고 있는 것으로 보인다. 진리가 있다면 진리를 추구하는 방식이 왜 획일적이어야만 하는가. 하나님 나라와 예수님의 말씀에 대한 이해와 수용, 그리고 믿음에 대한 교훈을 우리는 매우 획일적인 방법으로 교육하고 있지 않은가. 이 획일적인 방법을 통해 교회는 교인에게, 가장은 자녀들에게 획일적 방식으로 진리를 전수하고 있다. 필자가 접한 기독교인 내담자 중에는 이러한 획일적 교육 방식으로 인해 큰 상처를 입은 사람들도 많다. 한 내담자는 매우 엄격한 율법적인 구조 아래서 신앙생활을 하였다. 하지 말아야 할 것이 너무 많았고, 그것을 어기면 큰 죄를 짓는 것이라 스스로를 옥죄며 생활했다. 이러한 과정에서 부모의 양육 형태는 자신에게 고스란히 전수되었고, 자신도 모르는 사이 자녀들에게도 자신이 받았던 것과 똑같이 억압하는 형태의 교육을 하였다. 무언가 지키는 것 같았는데, 마음과 얼굴에는 평안이 없는 세월을 보냈다. 그러다가 자기가 보기에 계명을 안 지키는, 신앙이 잘못된 것 같아 보이는 배우자는 자신만큼 계명에 대한 주의는 없었지만 어떤 일을 하든 즐거움과 자발성으로 일하는 방식에 놀라 자신이 이제껏 추구한 신앙이 잘못되었다는 것을 알게 되었다.

심리학자 카를 융(Carl Jung)은 스위스 바젤 대학교 출신으로, 분석심리학을 만들어낸 사람이다. 그는 선천적으로 내향적인 사람이었다. 내향형 사람은 혼자 있는 시간을 좋아하고, 많은 사람이 함께 있는 것을 부담스러워 한다. 이 사람의 자서전을 읽어 보면 자신의 초등학교 시절에 가장 싫어한 과목에 대한 이야기가 나온다. 하기 싫은 과목은 수학과 체육이었다. 체육은 자신이 잘하지 못하니까 싫어하였고, 수학은 답을 찾는데 공식을 대입하여 구하는 것이 잘못되었다고 느끼기 때문이었다. 답이라는 것, 진리라는 것을 찾는데 이미 있는 공식을 대입하고, 그것을 통해 답을 내는 것은 진리가 아니라고 보기 때문이었다. 1+1=2가 맞을 수도 있지만, 아닐 수도 있다는 것이다. 외워서 그것에 집어넣어 결과를 얻는 것이 과연 진리일까 하는 이 회의론은 그의 이론 전반적으로 가득 차 있다.

수십 년 동안 한국 학교교육에 대한 진단이 나왔고, 학부모라면 한국의 교육구조에 찬성하는 사람은 거의 없을 것이다. 아이들을 획일적으로 학교에 집어넣고, 방과 후 늦은 시간까지 학교에서 학업을 해야 하고, 교육이기보다는 대학 진학이 최대의 지상 목표이다 보니, 학교와 학생을 평가하는데도 어떤 대학에 얼마나 보냈는가를 가지고 학교와 학부모들이 울고 웃는 실정이다. 입시 공부를 하면서 아들이 한 말이 생각난다. 자신은 결혼한 후 아이들 교육은 한국에서 절대 시키지 않겠다고 했다. 그냥 지나가듯 흘려 들었지만 내 머릿속에 오래 남아 있는 말이다. 아들의 어릴 적 해맑은 얼굴이 입시를 치르면서 다 사라져 버린 것 같았다.

획일성을 요구하는 입시제도와 학교가 얼마나 많은 우리 아들딸들을 죽게 하고, 병들게 하며, 지금도 어느 외진 구석에서 자신과 삶을 원망하며 살아가게 하는지 모른다. 획일성의 종횡무진은 거기에 적응하고 살아남을 수 있는 사람에게는 더 없이 좋을 수 있다. 적자생존이라 할까, 사회와 교육의 요구에 적합하면 주변에서 그들을 영웅으로 만들고, 또는 그에 적합한 대우를 해 주는 것이기 때문이다. 그 범주에 드는 학생이나 사람들은 영웅시된다. 그리고 자신들도 마치 진리를 최고봉을 등정한 것과 같은 착각 속에 살게 한다.[1] 그리고 그 범주에 못 들어가는 사람은 자신을 그 교육과 사회에 부적합하고, 무능한 사람이라고 여기며 살아간다.

입시철이 되면 교회에 신도들이 넘쳐나서 기도를 드리기 시작하는데, 우리는 이를 민감하게 생각해야 한다. 우리가 목표하는 학교에 갈 수 있도록 하나님께 기도 드리는지, 아니면 하나님이 이러한 입시과정을 통해 자녀들을 더 바른 길로 인도해 주시길 기도 드리는지 살펴봐야 할 것이다. 우리 중심에서 목표하는 학교에 갈 수 있도록 기도를 드리는 것이면 무당을 찾아가 기도하는 것과 큰 구별이 없을 것이다. 마치 겉으로 보면 형식적으로 규모 있는 신앙을 가진 것 같지만, 안으로는 자기 중심이 가득차 있고, 자기 생각을 강제로 하나님의 뜻과 연결시키려는 사람의 의지가 강하게 있는 행사일 수 있다. 필자는 입시를 위한 특별기도회를 보면서 씁쓸한 마음이 든다. 그나마 지금은 형편이 조금 나아졌다. 1970년대 1980년대는 수험생의 30% 정도만 대학 과정에 입학할 수 있었다. 그러고 나면 입시생의 나이에 있는 70%의 사람들 중에 많은 학생들이 개인 사정이나 가정 형편상 취업을 해야 했다. 더 많은 학생이 대학교에 진학하지 못하거나, 취업 등 다른 것을 하는데 교회와 교인은 왜 30% 정도 관심을 가질까? 이러한 당시의 풍토 때문에 대학교에 진학하지 않고 취업을 하거나 다른 일을 하는 사람들은 고등부를 졸업하고 교회를 기피하는 분위기가 되었다. 교회가 광의적 안목을 가지지 못하였기에 젊은이들이 교회를 안 나올 수밖에 없는 상황이 되었고, 그나마 대학에 진학한 사람만이 얼굴을 비출 수 있는 장소가 되었다.

진리는 숫자를 대입하고, 암기해서 오는 것이 아니다. 그렇게 오는 것은 하나의 사실일 수는 있지만 영구한 진리는 아니다. 유태인들이 소수민족임에도 전 세계 다양한 분야에서 영향력을 미칠 수 있는 것은 그들의 교육 방식 때문이다. 필자는 이미 나온 답에도 왜? 어떻게? 라는 질문을 수없이 하고, 그것을 고민하고 정확한 답을 찾으려고 노력하는 과정이 큰 영향을 주었다고 믿는다. 앙드레 지드(Andre Gide)의 말을 다시 인용한다. '진리를 찾았다는 사람을 믿지 말고, 진리를 찾고 있다는 사람을 믿어라' 이 말은 우리가 주장하는 열정에 대하여 얼마나 왜? 어떻게? 라는 질문을 하도록 요청한다.

진리를 찾으려는 과정에 대한 열정을 가지는 것이 더 열려 있는 마음이다. 그러나 이미 여기 정해져 있다고 생각하고 따르는 것은 열정을 가질 수 있으나, 왜? 어떻게? 라는 과정에 대한 흥미는 없는 것이기에 장기적으로는 흑백논리에 빠진다. 이것이 바로 우리가 내용보다는 형식에 얽매여 있는 개인, 사회 그리고 교회의 구조를 설명하는 것이 아닌가 생각한다.

한 스쿠버다이버가 캘리포니아 해안에 있는 동일한 지점에서 지속적으로 다이빙을 하였다. 어느 날 다이빙을 해서 바닷속을 보는데 그날따라 바다 안의 광경이 너무나 아름다워 감탄을 했다. 이미 수십 번 들어온 장소인데 왜 그날은 더 아름다워 보였을까 질문을 하였다. 답은 하나였다. 그날 그 사람 마음의 자세가 달랐기 때문이다. 인생을 살아가면서 우리의 외적인 요인이 변하는 것은 많지 않다. 중요한 것은 세상을 살아가는 우리의 마음 자세가 바뀌게 될 때, 하나님 뜻을 통해 세상을 바라보게 될 때, 평범해 보이고, 진부했던 것들이 우리에게 특별한 것으로 다가오는 것이다.

바다를 보는 느낌이 왜 이리 변하지 않을까? 세상관이 왜 이리 바꿔지 않을까? 문제는 우리가 가지고 있는 '눈' 이다. 무엇을, 어떻게, 왜 라는 질문을 가지게 될 때 우리는 답에 가까운 것을 찾고, 열정의 함정을 벗어날 수 있다. 열정이 가진 함정은 획일성을 요구하고, 다양성을 배격한다. 응집력과 거기서 발생하는 힘도 필요하겠지만 거기에 머무르면 상당히 위험한 사적 집단으로 전락하기 쉽다. 그것은 더 이상 신앙이 아닌 사적 집단의 이념이다. 이념은 사람을 정죄하고 율법적이다. 그러나 진정한 신앙은 다양성을 포용하고, 그 가운데 하나님의 뜻을 찾으려 하고, 사람을 살리는 것이다.

후주

1 Donald Capps, *Life Cycle Theory and Pastoral Care* (Philadelphia: Fortress Press, 1983), p. 67.

Chapter 10

흑백논리의 신앙

정신분석학의 시조인 지그문트 프로이트(Sigmund Freud)는 종교를 환영(illusion)이라고 했다. 그는 인간이 가진 미래와 죽음에 대한 두려움, 자연에 대한 두려움, 사람에 대한 두려움과 불안에서 스스로를 위해 종교를 만들어 내었다고 본다. 그의 친구들이 신앙의 중요성과 신앙을 가졌을 때의 느낌에 대한 것을 말해 보았지만 그는 여전히 종교가 환영이라고 주장했다. 그는 『문명과 문명의 불만족(*Civilization and Its Discontents*)』에서 기독교가 환영인 이유는 노예제도와 십자군 전쟁 때문이라고 주장한다.[1]

기독교가 사랑의 종교임을 표방하면서도 역사상 가장 참혹했던 노예제도를 허용한 나라들이 기독교 국가였으며, 식민지를 삼고 흑인의 인권을 유린하면서 그 노동력과 자원을 착취함으로써 서구국가의 부를 일궜다고 했다. 어느 시대나 사회에는 편협성과 독선, 그리고 일방성이 있고 그것을 신앙으로 미화한 일들이 있다. 노예제도는 흑백논리 가운데서 백인들의 인종우위성을 신앙으로 합리화한 사건이었다. 십자군 전쟁도 후대의 사람들은 프로이트와 같은 해석을 하고 있다. 그리고 이 사건으로 기독교와 이슬람은 뿌리 깊은 갈등을 가지게 되었다.

노예제도나 십자군 전쟁 같은 사례만이 아니라 인류 역사상 가장 참혹했던 제1차 · 제2차 세계 대전을 일으킨 나라는 기독교 국가들이었다. 개신교의 종주국인 독일은 제1차 · 제2차 세계 대전을 일으켰고, 이탈리아는 가톨릭의 본산지가 있는 나라로서 제1차 세계 대전의 전범 국가가 되었다. 여러 가지 사회적이고 문화적인 요인들이 전쟁을 발발하게 했지만 기독교 국가라는 측면에서 보면 모순되는 결과다. 사랑을 가장 중요시하는 기독교 국가들이 인류 역사상 가장 참혹했고, 가장 많은 사람들이 사망한 세계 대전의 전범 국가다. 그래서 프로이트가 말한 종교는 자신의 안위를 위해 만든 환영이라는 말이 또 실감이 나는 것이다.

왜 이러한 비참한 사건들이 과거에도 있고, 지금도 교회에서 발생하고 있을까 라는 질문에 대한 답을 신학자 파울 틸리히(Paul Tillich)가 쓴 저서에서 찾아본다. 그는 자신의 책에서 구소련의 붕괴를 예언하였다. 구소련이 그렇게 될 수밖에 없는 이유로 그 국가가 "수직적 차원(vertical dimension)"을 인정하지 않기 때문이며, 이런 국가는 붕괴될 수밖에 없다고 했다. 여기서 '수직적 차원' 이란 하나님을 의미한다.[2] 한 국가가 국가 이념을 하나님 위에 두어 절대불변의 것으로 생각한다면 그것은 자기기만 속에서 썩어 가는 것이기 때문에 붕괴된다.

수직적 차원을 인정한다는 것은 개인이나 단체나 국가가 하나님 앞에서 우리가 벌거벗고 있는 존재임을 아는 것이다. 기독교인 개인이나, 성직자나 교단의 교회나 하나님 앞에 살아가고 신앙생활을 한다는 것은 신앙인임에도 불구하고 우리가 가진 한계성과 욕심에 대한 것을 성찰해 가는 것이다. 그래서 하나님 앞에 우리가 수직적 차원을 매순간 바라보고 사는 것은 우리가 의인이 되었어도 여전히 죄성을 지닌 죄인이라는 사실을 인정하며 살아가는 것을 의미한다.

대부분의 기독교 교리에 중요한 골격을 세운 토마스 아퀴나스(Thomas Aquinas)가 어느 날 꿈을 꾸었는데 어린 소년이 바닷가의 모래 위에 웅덩이를 판 후 그릇을 이용하여 바닷물을 담아다가 그 웅덩이에 붓는 광경을 보았다. 무엇을 하는지 물었더니 소년은 바닷물을 이 웅덩이에 다 담으려고 한다고 답했다. 토마스 아퀴나스는 이 넓은 바닷물을 어떻게 그 좁은 웅덩이에 담을 수 있겠느냐는 말을 한 후 깨어났다. 그리고 이 꿈이 자신의 상태를 말해 주는 꿈이라는 것을 알았다. 꿈 속의 소년이 아퀴나스였다. 중세 최고의 지성을 대표하는 그는 머리에 온갖 사상과 이론을 담고 있고, 당시 사회에서 지식인의 선두주자였다. 모든 것을 사람들에게 가르치지만 그 행위가 바닷가의 물을 웅덩이에 담으려는 어리석음에 불과했다는 것을 알았다. 그는 꿈을 통해서 자신이 수직적 차원을 인정하지 않는 부족한 인간임을 인정한 것이다.

프로이트가 말한 것과 같이 기독교가 환영이 될 때는 교회와 기독교인들이 우리 안에 수직적 차원 없이 살아갈 때다. 살아 있는 모든 사람은 그림자(shadow)를 가지고 있다는 말과 같이 수직적 차원을 인정하지 않는 사람은 자신의 그림자가 없다고 착각하며 살아가는 것이다. 그래서 교회와 기독교인들이 생각하고 말하는 것이 최상의 것이라고 생각한다. 그러나 이러한 자세는 신앙이기보다는 자기기만에 가깝다. 하나님은 온전하시지만, 믿는 사람들에게는 그림자라는 제한이 늘 따라오기 때문이다. 그리고 우리는 우리에게 있는 이 그림자를 가지고 늘 하나님 앞에 자신을 성찰하는 기회를 삼아야 할 것이다.

이단과 독재자들은 하나님에 대한 충성이라는 명목하에 복종을 강요하곤 한다. 그래서 자신들이 운영하는 교단에만 올 것을 집요하게 강요하고, 이런 것을 제대로 하지 않았을 때 징벌하시는 하나님에 대한 성경 구절을 들어 교묘하게 교육한다. 그리고 자신들만의 공동체를 중심으로 살도록 하고 그 외의 다른 사람들과 접촉하는 것을 막는다. 왜냐하면 타인들과 접촉함으로써 자신들이 교육한 내용을 의심하게 될까 두렵기 때문이다. 생각과 감정을 묶어 두고, 그것을 하나님의 뜻으로 합리화시켜 버린다. 종말적 분위기를 조장하고, 개인이 없이 단체 강령에 복종하도록 만든다.

이제는 고인이 된 한 지역 교회 목사님에 대한 이야기를 들었다. 평생 목회를 하고 은퇴를 하였는데 목회활동 중에 발바닥이 너무 아팠지만 시간이 없어 진찰을 제대로 받지 못하다가 은퇴 후 병원을 방문하였다고 한다. X-ray를 찍어 보니 발바닥에 조그마한 침이 하나 박혀 있어 이것을 뽑았다.뽑다 보니 침이 뼈에닿는 부분이 삭아서 조각이 되었다는 말을 들었다. 목회를 하면서 조금만 무리를 하면 왜 이리 발이 아플까 하는 생각을 했고, 통증이 있을 때마다 하나님 앞에 무릎을 꿇었다고 한다.

바울이 바울이 될 수 있었던 것은 가시가 있었기 때문이다. 그렇게 완벽하고 열정을 가진 바울의 가시는 연구에 의하면 매우 심한 안질이거나 간질병이었으리라 추측된다. 본인이 사역을 하다가 이러한 증상이 발생하니 얼마나 덕이 되지 않았을까. 더구나 당시 사람들은 병이 죄를 지어서 생기는 것이라는 믿음이 있었던 때라 바울은 하나님에게 간절히 치료해 주시길 세 번 간구했다고 했다. 그러나 하나님은 바울에게 있는 은혜가 족하다고 말씀하시고 그대로 두셨다.

부끄럽게도 사람은 자신이 약할 때 무릎을 꿇기는 쉽지만 강해지면 꿇지 않는다. 교회와 기독교인들이 자신에게 가시가 없고 완벽하다고 인식하는 순간부터 하나님은 교회와 기독교인들에게 이용을 당하시는 셈이다. 우리의 약함과 그림자, 은닉된 사실을 수직적 차원 아래 조명해야 한다. 과거 기독교 국가들이나 교계 지도자들이 상식으로도 이해할 수 없는 일을 하는 이유는 자신에게 있는 가시를 보지 않으려 하기 때문이다. 그래서 진정한 교회와 교인은 자신의 가시를 내놓을 있는 담대함이 있어야만, 우리는 자신과 세상을 향해 더 진정성을 가지고 자리에 서있을 수 있다.

인정을 받고 싶고, 성장한다는 것, 영향을 줄 수 있다는 생각을 가지고 우리는 자신을 여기저기 보며 다니기도 한다. 그러나 다른 한 편으로는 언덕 위에 서 있는 한 그루의 나무, 구석진 자리에 늘 자리 잡고 있는 바위를 보면서 상념에 젖게 된다. 저렇게 움직이지 않아도, 나를 나타내려고 하지 않아도 그 자리만을 지키는 것만으로 지나가는 사람들에게 영향을 줄 수 있지 않을까 생각한다. 내 자리에서 그렇게 살아가리라 하는 생각보다는 무언가를 보이며 인정받으려고 하는 생각들이 우리를 내세우게 하고, 오히려 우리가 가진 가시를 인정하지 않으려 한다. 이런 것이 교회와 기독교인들을 더 성숙하지 못하게 하고, 잘된 것만 나타내려 하는 기복적 신앙으로 가게 하는지도 모른다.

역사상 참혹상 사건의 주범에 기독교 국가가 있는 것은 흑백논리적 신앙의 영향이고, 그 흑백논리 신앙은 성 아우구스티누스(St. Augustinus)의 고백처럼 우리가 하나님 앞에 벌거벗고 있다는 사실을 인정하지 않으려는 때문이고, 우리가 가진 그림자와 가시를 은닉한 채로 살아가기 때문이다. 그림자가 없다면 사람이 아니니, 그림자를 인정하지 않는 교회와 기독교인들은 현실과 동떨어진 환영의 세상에 사는 것과 같다고 하겠다.

흑백논리를 가지는 사람은 보통 광적이고 배타적인 몰입을 하게 되는데 이것은 자신에 대한 과다한 신뢰와 자기애(自己愛)에서 비롯되는 자기중심성이 있기 때문이다.[3] 자존감과 과다한 자기애 또는 자기신뢰는 완전히 다른 의미다. 바른 자존감은 나와 다른 것에 대한 존중을 가지게 하지만 과다한 자기애를 가진 사람은 자기중심적으로 생각한다. 예를 들어, 7080세대들의 학창 시절, 우리는 중고등학교 시절에 가방에 잔뜩 책을 넣고 다녔다. 학교에 사물함이 없으니 최소한 그날 배울 교과서와 학습 보조 교재를 가방에 넣어 다녀야 했다. 그것을 들고 비좁은 버스에 타면 가방 때문에 고생을 하게 된다. 가방이 무거우니 주로 오른손으로 들고 다녔는데, 그러면 오른쪽 어깨가 쳐질 것 같지만 무거운 것을 들수록 오른쪽 어깨는 이 무게를 이기기 위해 위로 올라온다. 사람의 심리도 마찬가지다. 사랑이 결핍되면 사랑이 없어질 것 같지만, 반동 때문인지 성장 후 사랑에 대한 집착이 더 커진다.

흑백논리로 광적이고, 극단적이고, 배타적 몰입을 하는 사람들에게는 과거 아픈 관계의 역사가 분명히 있다. 상담을 하다 보면 특별히 성장 과정에서 부모로부터 받지 못한 사랑의 결핍을 보이는 사람들이 있다. 이들은 자신에게 조그마한 관심을 표하는 사람들, 심지어 비윤리적이고 불법적인 이단 집단에 쉽게 빠지기도 한다. 한 상담사례로 어린 시절 거의 부모 없이 자란 사람이 있었다. 성장하면서 어려움을 많이 겪었지만 배움에 대한 열정이 있어 공장을 다니면서 야학을 했다. 주변에서는 그렇게까지 살 필요가 있느냐는 식의 말을 들을 정도로 자신의 과거를 극복하기 위해 악착같이 살았다. 결혼을 했고, 자신이 가진 결핍을 채우기 위해 교회의 활동에 매우 적극적으로 임하였다. 그렇게 10년이 흘렀다. 그런데 어느 날 자신과 비슷하게 결혼생활을 시작한 사람들이 건실한 가정을 만들어 가고 있는 반면, 자신은 교회생활에 더 집착을 하고 있고 남편과 가족과는 더 멀어져 있는 것을 발견하였다.

신앙은 사랑이지 집착이 아니다. 그런데 우리는 주위에 간혹 이 집착적인 신앙을 지도자들이 격려하는 경우도 있다. 이 사례의 여성이 가장 아쉬워했던 것은 자신이 가정을 등한시하고 교회에 집착하여 생활할 때 왜 지도자가 가정 중심으로 신앙생활을 하라고 조언해 주지 않았을까 하는 점이었다. 집착은 자기가 나타나는 대신 가족이 없어지고, 집착적 신앙에는 결국 하나님도 없어진다.

불안은 인간이 지닌 중요한 심리적 핵심이다. 불안 때문에 어떤 것에 더 집착하고, 때로는 자신을 아예 감추어 버리기도 한다. 교인은 교회를 위해 죽을 듯 헌신하고, 교회 지도자는 결국 교회를 세습하거나, 물질적인 이득 문제 관계나 다른 여러 가지 문제로 세간에 오르내린다. 이것을 보면서 무엇이 잘못되어도 정말 잘못되었다는 생각을 너도 나도 하고 있는 것이 한국 교회의 현실이다. 비상식적인 것을 신앙 안에서 합리화하고, 사람을 위하지 않으면서도 그것이 하나님의 초월적 뜻이라고 합리화시킨다.

구약의 '만나'는 바로 이에 대한 교훈을 주고 있다. 더도 말고 덜도 말고 안식일까지 먹을 수 있는 것만 거두라고 한 말씀을 지킨 사람도 있고, 지키지 않은 사람도 있다. 지킨 자들은 하나님에 대한 신뢰가 큰 사람이었다. 그들은 삶을 책임져 주시는 하나님에 대한 신앙을 가지고 그 명령을 지킨다. 하지만, 그 말씀을 신뢰할 수 없는 이들은 더 많은 것을 주워 담아야 한다는 집착에서 더 가지려 한 것이다.

인간이 죽으면 한 평 남짓한 땅에 묻히고, 흙으로 돌아가는 인생에 우리는 왜 이리 신앙으로 위장한 집착에 빠지는 것일까. 이 질문의 대답은 불안이고, 불안으로 인해 우리는 무언가를 끊임없이 가져야 한다고 생각한다. 이 불안 중 가장 핵심이 '죽음'의 불안이다.[4] 죽음이라는 불안으로 인해 끊임없이 어떤 것을 손에 넣음으로 자신을 안심시키려는 것이다. 실존주의 심리학을 집대성한 어빈 얄롬

(Irvin Yalom)에 의하면 죽음을 삶의 동반자로 여기는 사람이 가장 온전한 삶을 살 수 있다고 한다. 그런데 우리가 온전한 삶을 살지 못하는 것은 죽음에 대한 불안으로, 이 불안의 불을 끌 수 있다고 믿는 다른 것들에 집착함으로써 삶의 균형이 무너지게 되는 것이다.

하나님은 삶과 죽음의 주인이시다. 삶을 만들고, 시작을 주셨으며 끝이라는 죽음의 세계를 사람들에게 허락하셨다. 그런데 특별히 죽음을 온전히 받아들이지 못함으로 인해 우리는 과도히 어떤 것들에 집착한다. 그 집착이 지금 한국 교회에서 발생하는 여러 가지 불미스러운 현상의 원인이 아닌가 생각한다. 그 집착으로 사람들이 택하는 방식이 영웅주의적 신앙의 모습이나, 일에 대한 중독 현상이다. 우리시대의 교회가 영웅을 고대하고, 영웅을 만들려는 것, 그리고 하나님의 일에 마치 중독된 것과 같이 움직일 때, 실은 그렇게 하는 사람들의 내면세계에 불안과 집착이 있다는 근원적인 것을 알아야 한다. 진정한 영웅과 진실된 일은 가정에서 시작되고, 평범함에서 시작된다.

집착으로 포장된 신앙은 흑백논리다. 그래서 자신과 다른 것을 용납하지 못하고, 그것을 자신을 해치는 적으로 생각한다. 그래서 하나님의 이름으로 사람을 죽이기도 하고 살리기도 한다. 이 정도가 되면 신앙이 아니라 이념이 되는 것이다. 이념은 이념을 위하여 사람을 살해하기도 하지만, 바른 신앙은 사람을 살리기 위해서 자신을 양보할 수 있는 것이어야 한다.

후주

1 Sigmund Freud, *Civilization and Its Discontent*, James Strachey trans. (New York: W. W. Norton and Company, 1961), p. 34.

2 Paul Tillich, *A History of Christian Thought: From Its Judaic and Hellenistic Origins to Existentialism* (New York: Simon and Schuster, 1968).

3 Erik Erikson, *Toys and Reasons* (New York: Norton, 1977), p. 110.

4 여기에 대한 내용은 스탠퍼드 대학교 교수였던 Irvin Yalom의 주장이다. 그의 저서 실존주의 심리치료(*Existential Psychotherapy*)를 참조하기 바란다.

Chapter 11

기술백치와 기독교 신앙

기술백치(Craftidiocy)라는 용어는 기독교상담 심리학자 도널드 캡스(Donald Capps)가 심리학자 에릭 에릭슨(Erik Erikson)의 발달이론을 설명하면서 사용한 용어다. 이는 교육받은 기술과 방법으로 결국은 자신과 타인에게 해를 끼치는 사람이라는 의미다. 기술 또는 방법은 인간이 가진 고유한 특성 중 하나이고, 사람은 전수받은 지식을 항상 업데이트하려는 욕구를 가지고 있기에 신기술을 필요로 하고 이것을 밑받침할 수 있는 교육이 필요하게 된다. 그래서 교육을 통해 기술과 방법을 획득하는 것이 최고 목표였음에도 정상에 서서는 스스로 허물어지고, 배운 것으로 인해 이웃들에게 큰 피해를 주는 모순을 지적하는 용어다. 왜냐하면 기술과 방법은 수단이지 삶의 목표가 될 수 없는 허수이기 때문이다.

유치원을 졸업하고 초등학교를 시작으로 공교육이 본격적으로 강조된다. 이때 공교육에서는 학생들에게 수학이나 영어 등과 같은 과목을 가르치면서 기술과 방법을 익히게 한다. 기술과 방법은 사람으로서 현대사회를 살아가는 데 필수적 사항이다. 문제는 그런 도구를 잘 사용하는 기술을 가진 학생들에게만 교사나 학교, 사회에서 관심을 갖는다는 점이 누구나 성장하면서 관심과 사랑을 받게 될 때 사회 적응과 잠재력 발달에 도움을 받지만 우리 사회가 가진 한 방향 교육은 두 부류의 사람들에게 큰 피해를 준다. 첫째는 기술과 도구를 잘 사용하는, 학습을 효과적으로 하는 학생들이다. 학교와 사회가 이들을 최고의 학생들로 생각하면 이들 학생들은 자신들이 마치 진리를 찾았고, 진리를 가지고 살아가고 있다는 착각에 빠지게 한다. 앞서 지적했지만 교회는 그동안 사회 분위기에 합세하여 이런 일들을 은연중에 강조했다. 머리가 되어야 한다고, 꼬리가 되지 말라고 했다. 수험생을 위한 특별기도회를 만들었고, 수능 당일이면 수많은 교인들이 교회당을 가득 메우고 기도를 한다. 그리고 대학을 입학하게 되면 교회 출석률이 높아지고, 아니면 교회를 나오지 않거나 간헐적으로 출석한다. 이러한 잘못된 신앙은 그동안 우리가 세상에 편승해서 기독교인으로서의 가치관을 갖추지 못하고 세상적 관점에서 살았기 때문이다.

또 한 부류는 학교에서 교사나 학교로부터 관심을 받지 못하는 학생들이다. 기술과 도구를 효과적으로 사용하는 데 서툴러 한계성을 가지는 학생들이다. 이 학생들은 자신들이 무능력하다고 느끼고, 열등감에 빠져서 스스로를 비하하며, 자신은 이런 생활에 부적격자라는 생각을 하게 된다.[1] 이러한 환경에서 교사는 매우 중요한 역할을 한다. 학생들이 부모의 권위하에서 선생님의 권위하로 옮겨진 이 과도기에 교사가 아이들에게 어떠한 마음의 자세를 가지고 있는 가는 더 없이 중요하다. 그래서 교사는 다양한 관점에서 학생들의 잠재성을 보고, 개발해 줄 수 있는 통찰과 능력을 가져야 한다.

사람이 어떤 일을 해서 사람들로부터 관심과 칭찬을 받고 싶어 하는 심리는 '돌봄'을 뛰어넘어 수용되고, 인정받고 싶어 하는 심리다. 특별히 개인이 중시되는 현대사회의 경우에는 이러한 자기실현이 어떠한 집단 체제의 가치보다도 중요하다. 필자가 초등학교 시절 미술 시간에 선생님으로부터 칭찬을 받은 기억이 있다. 미술 시간은 그야말로 장난꾸러기들에게는 간섭받지 않고 자기 시간을 가질 수 있는 기회의 시간이었다. 물감을 색종이에 짜서 색종이를 이등분하여 접으면 그림이 나오는 '데칼코마니'라는 미술기법으로 실습을 하는 시간이었다. 본래 미술의 소질이 없었지만 장난스럽게 물감을 짜서 접어 보니 우연의 일치로 제비나비의 형상이 나왔다. 미술작품을 도와주던 선생님이 내 곁에 와서 제비나비의 형상을 보고 칭찬을 해 주었다. 내가 한 일에 순간적인 자기성취의 맛보는 순간이었다. 그러고는 게시판에 그림을 전시해 주었다. 나는 거의 매시간 수업이 끝난 후에 게시판 주변으로 가서 나의 그림을 확인하곤 했다. 내 그림이 게시판에 붙었다는 뿌듯함 때문에 쉬는 시간마다 화장실에 가는 척 하며 뒤에 전시된 내 그림을 보곤 했다. 그래서인지 지금도 그 그림에 대한 또렷한 인상이 남아있다. 하늘색 바탕의 색종이에 검은 형상과 하얀색과 주홍색이 어우러진 나비의 모습이 생각이 난다. 칭찬을 받은 필자는 한동안 미술 숙제를 열정을 다해 제출했다. 그 해

겨울방학 미술 숙제 중 하나는 겨울 풍경화를 그려 오는 것이었다. 필자가 수십 년이 흐른 지금 모든 것은 다 잊어버렸어도 그 숙제를 기억하는 것은 그 미술 시간의 인상을 지울 수 없었기 때문이다. 제 비나비 그림에 선생님의 칭찬이 없었다면 나는 겨울방학 미술 숙제에 관심 없었을 것이다. 그러나 미술 시간의 칭찬이 겨울 풍경화를 어떻게 그릴 것인가 고민하게 했다. 그래서 이런저런 생각을 하다가 달력에 있는 겨울 풍경화를 그리자고 생각했다. 그 그림도 분명하게 기억한다. 눈이 살짝 덮인 산골짝에 살얼음이 녹아 있는 사이로 시냇물이 흘러내리고 주변에는 아직 흙이 되지 않은 낙엽들이 누워 있는 그림이었다. 얼마나 열심히 했으면 학교에 가지고 갔는데 친구들이 내가 그린 그림이 아니라고 했다. 내가 그렸다 해도 믿지 않는 친구들 때문에 속이 상했지만, 교사의 칭찬으로 미술의 열정을 가지게 된 한 어린 학생이 눈에 띄게 좋은 작품을 만들어 냈다는 점이 중요하다. 그 어린 학생에게 특출난 미술적 재능이 없었음에도 말이다.

〈십대들의 쪽지〉 발행인이었던 김형모 씨가 학교에서 강연을 한 적이 있었다. 그는 대학을 졸업한 후에 신학 공부를 하였는데, 당시 잠을 많이 잤다고 한다. 모친이 그를 식충(食蟲)이라 할 정도였다. 잠을 많이 자고, 할 일을 하지 않고 밥만 축내는 사람을 빗대는 말이다. 그러던 그가 어느 날 원고를 써서 어느 잡지사 출판사에 제출했는데 원고를 받은 사람이 글을 잘 쓴다는 칭찬을 해 주었다고 한다. 집에 돌아온 그는 편집자의 말에 고무되어 3일 동안 잠을 자지 않고 책을 보고 글을 썼다고 한다. 모친은 잠보였던 그의 행동을 보고 정신이 약간 이상해졌다고 생각했다. 후에 그가 〈십대들의 쪽지〉를 발행하면서 그 편집자를 찾아가 당시 자신의 글에서 어떤 잠재성을 보고 그렇게 칭찬을 해 주었냐고 물으니, 그 편집자가 말하길 자기는 글을 가지고 오는 모든 사람에게 그렇게 말해 준다는 것이었다. 한 사람의 칭찬이 인생의 전환점을 마련해 주었다.

공교육을 통해서 기술과 도구 사용하는 방법을 배우는 것은 현대 사회에 매우 중요한 과정이지만, 기본적으로 왜 기술과 도구를 사용하여 어떻게 사람들과 공동체를 이롭게 할까에 대한 긴 안목의 교육 목표가 제시되지 않는 한, 공부 잘하고 방법이 출중한 사람들이 나중에 자신의 지위를 이용하여 국민과 나라를 기만하는 행위를 하곤 한다. 이것은 이제껏 우리 사회가 고민하는 문제다. 학교와 사회가 인정하는 엘리트이지만 정작 국민으로부터는 환영받지 못하는 것은 배운 기술과 방법으로 국민들에게 큰 상처를 남기기 때문이다. 선진국에서 매우 중요하게 생각하는 개인의 투명성과 정직함에 대한 문제이다. 이런 것만 잘 되어도 나라의 복지와 성장은 증진이 될 것이다.

경제학자 애덤 스미스(Adam Smith)는 사람에게 돈이라는 것이 중요하지만 돈이 삶에 중심에 들어오면 모든 기초가 흔들린다고 말했다. 기술과 방법이 중요하지만 이것이 최고의 목표가 되면 인간성은 무너져 버린다. 그래서 기술과 도구가 지배하는 사회에서는 사람의 영혼이 파괴된다. 이것은 살아 있는 인간에게 가져야 하는 관심이 중심에서 비껴 나가고, 오히려 수단이 목적을 잠식한다.[2] 그리고 이 목적이 획득되면 수단을 가차 없이 없애버린다. 이 과정은 방법과 기술이 최고의 목표로 되는 것이다.

이런 문제를 타파하기 위해서, 기술백치를 벗어나기 위해서 해야 할 급선무는 기술과 도구를 사용하는 궁극적 목적을 재정립하는 것이다. 그것은 기술과 도구 획득에 앞서 사람이 살아가는 현실을 보고, 살아가고, 체험하는 훈련을 함으로써 가능하다.

에릭슨은 이러한 기술백치 해결은 인간이 살아가는 장(human contexts)에 관심을 가지고, 자신들이 배움과 함께 진실에 대하여 말을 할 수 있도록 하며, 행동하는 것을 배우고 훈련을 하는 것이 인간이 추구하는 진리에 가장 가까이 접근할 수 있다고 했다.

학문을 기술과 방법, 도구로 생각하고 획득하려는 시도가 한국에서 교육의 붐을 일으켰듯이 교회 또한 이러한 영향을 받고 있다. 교회 발전과 부흥을 위해 세미나도 필요하지만, 이런 행사가 있을 때마다 행사장은 매우 북적인다. 마치 입시 설명회에 부모들이 행사장에 몰리는 것과 같이 말이다. 필자는 이렇게 사람이 몰리는 현상을 두 가지로 해석한다. 첫째, 우리 마음속에 진리를 기술과 방법을 통해서 획득하려는 마음이 있지 않았나 생각한다. 둘째, 한국 교회가 방법과 기술이 중심이 되어 교회 프로그램을 통해 교회 부흥을 이룰 수 있다고 믿고 그것에 지나치게 의지하는 상황이 심화되지 않았나 생각한다.[3]

신앙은 상식을 위반하지 않는다. 신앙은 특별한 것을 추구하기보다는 무너진 보편성과 기초를 다시 쌓는 데 관심을 가지는 것이다. 신앙은 사람에 대한 일으킴과 회복이 과제가 되어야 한다. 그런데 우리가 세상 구조에 따라 기술과 도구에 몰두하다 보면 상식을 위반하고, 비상식적인 것을 신앙의 차원에서 수용하고, 보편적 가치보다는 특별성에 기초하여 보편성을 간과해 버리고, 하나님을 위한다 하면서 사람을 세우고, 회복하는 일에 관심을 가지기보다는 교회의 외적인 규모 확장과 형식적인 것에 더 신경을 쓴다.

교회를 개척하여 성장시키는 데는 하나님의 특별한 은혜가 있어야 하지만 동시에 목사와 가정의 상당한 희생이 필요하다. 한 목사님이 교회를 개척하고 오랜 기간 동안 교회의 성장을 위해 헌신했고, 마침내 교회를 완공하여 헌당예배를 드렸다. 그런데 그동안 신체적, 정신적으로 무리한 탓에 중풍에 걸리고 말았다. 처음에 당회와 성도들이 슬픔에 잠겼다. 그리고 회복되기를 기대했지만 몇 달이 지나도록 회복이 되지 않았다. 목사님은 중풍이 심하게 오지는 않았지만 강단에 서서 원활하게 예배를 집전하기에는 어려움이 있었다. 당회는 교회를 크게 지어 놓았으니 많은 사람이 와서 성전을 가득 채워야 여러 가지 교회의 현실적 문제가 해결되는데, 그렇게 되지 않는 상황이 아쉬웠다. 참다 못해 당회는 이러한 상태로 마냥 기다릴 수 없다는 생각을 하고 목사님과 별다른 상의 없이 담임목사를 새로 초빙하는 광고를 냈다고 한다. 이 사실에 목사님과 가족들은 마음에 커다란 상처를 받았다. 그 오랜 세월을 교회를 위해 봉사한 목사가 중풍이 걸렸다는 이유로, 한마디 상의 없이 교회를 더 많은 성도로 빨리 채우기 위해 그렇게 급하게 초빙광고를 낸 것을 이해하기 어려웠다. 그들은 교회에 서운함과 배신감을 느꼈다. 무엇이 하나님 편에 서는 결정이었을까. 필자는 당회가 기술과 방법만을 추구하는 매우 세속적인 성공관을 가지고 잘못된 판단을 했다고 생각한다. 상식, 보편성 그리고 사람을 살리고 돕는 것에 하나님의 뜻이 있다. 교회의 빈 공간이 걱정이 되겠지만, 담임목사 초빙은 기간을 조금 더 여유 있게 잡아 이 문제를 담임목사와 진지하게 의논하고 기다리는 것이 상식이다.

필자는 목회학 석사(M.Div.)를 공부하는 과정에서 미국 교회에 1년간 담임전도사로 파송을 받은 적이 있다. 시카고에서 한 시간 정도 떨어진 남서부에 위치한 그곳은 농업을 기반으로 하여 살아가는 교인들이 예배를 드리는 곳이다. 미국에 도착한 지 만 2년이 된 후 이 일을 담당하였는데 공부와 병행하는 일이라 늘 부담이 되었다. 틈틈이 설교를 준비하였지만 잘 준비된 것은 아니었다. 매번 설교할 때마다 교인들은 관심을 가지고 경청해 주었고, 때로는 잘 들었다는 화답을 해 주기도 했다. 외국생활 2년에 영어를 하면 얼마나 잘하겠는가. 그것도 학교 수업만 주로 했으니 구어체 영어에는 늘 약했다. 그럼에도 교인들은 잘 들어 주었고, 그 1년 동안 나에게 불편한 기색을 전혀 보이지 않았다. 1년이 지나고 사직하고 다시 오랜 세월이 지나서 우연히 당시에 쓴 설교 원고를 보게 되었다. 너무나 당혹스러웠다. 내용도 빈약하고 주제가 늘 빗겨 가는 느낌을 받았다. 그리고 그때 1년간 필자를 잘 참아 준 교인들에게 다시 한 번 감사함을 느꼈다. 그들의 포용성이 더 빛나 보였다. 우리처럼 예배가 뜨겁거나, 좋은 악기와 연주에 맞추어 찬송을 부르는 예배는 아닐지라도, 그들의 잠잠한 신앙의 수준은 한국 교회와 교인들이 배워야 할 점이라고 생각한다.

후주

1 Erik Erikson, *Toys and Reasons* (New York: Norton, 1977), p. 103.
2 Paul Tillich, *The Spiritual Situation in Our Technical Society,* Mark Thomas Ed. (Macon, Georgia: Mercer University Press, 1988), p. 52.
3 임경수, 인간발달 이해와 기독교 상담, 2판(서울: 학지사, 2013), p. 252.

Part 4
관계성과 기독교

Chapter 12

예수의 인간 이해와 신앙[1]

한국 사회의 문화는 예전과 달리 많은 분야에서 조금씩 두각을 나타내고 있다. 국력이 지금보다 약했을 때 우리 문화는 대부분 미국을 중심으로 한 서구문화에 의존하여 정체성을 조금씩 만들어 나갔다. 그러나 수십 년의 세월이 지나면서 우리의 문화는 모방에서 벗어나 창의성을 발휘하여 조금씩 독자적인 노선을 걷게 되었다.

한국의 문화활동에서 연예인들의 활동이 두드러져 해외에 한국의 위상을 높이고 있다.

노래, 영화, 연극, 그리고 책과 같은 문화에서 핵심적인 요소 두 가지를 뽑으라 하면 내용의 창의성과 공감성에 기반한 대중성이다. 즉, 작품이 독창적인 내용과 동시에 대중적인 성격을 가지고 독자들, 관객들과 공감하며 감동을 줘야 한다는 말이다. 다시 말하면 전문성과 대중성을 가지는 작품이야말로 가장 바람직한 문화 상품이 될 수 있다는 것이다. 예를 들어, 과거 TV에서 방영된 예능 프로그램 중 〈느낌표!〉가 있었다. 이 프로는 청소년들을 비롯해서 성인들에게 많은 인기를 끌었다. 수많은 시청자들이 토요일 늦은 저녁까지 눈을 떼지 않고 이 프로그램을 시청한 이유는 이 프로의 전문성과 대중성이 탁월했기 때문이다. 〈느낌표!〉는 대중의 접근을 위해 오락적 즐거움을 놓치지 않고 대중성 있는 진행자들을 등용하여 웃음과 즐거움을 주었다. 그리고 이것에 끝나지 않고 인간 의 가장 근본적인 문제를 끄집어 내어 시청자에게 산다는 것이 무엇인지에 대한 의미를 다시 한 번 일깨워 주었다.

작가가 아무리 천재적인 생각을 가지고 작가 자신만이 가진 독창적이고 창의성이 있는 내용을 만들어내도 그 내용을 대중들이 이해하지 못하면 그 독창성은 죽은 것이다. 그렇다고 대중들의 입장에서만 서서 프로그램을 만든다면 그저 오락으로 그치기 때문에 대중에게 주는 감동과 의미가 상실되었다고 보아야 할 것이다.

대중적 공감이 되지 않는 전문성이 의미 없고, 대중성만을 추구하면 천박스럽고 가볍다. 즉, 전문성이 대중화되지 않으면 소수만 누리는 폐쇄된 문화가 된다. 진정한 전문성은 대중 속에서 그 의미가 펼쳐져야 할 것이다. 이러한 관점에서 성서에 나타난 예수의 사상, 논쟁 그리고 삶을 살펴보면 그는 철저하게 전문성을 가지고 있었으되, 동시에 대중성을 가지고 사람들에게 접근하면서 하나님 나라에 대하여 설명하였다. 그가 가진 전문성과 대중성은 무엇이며, 그것을 통해서 오늘날의 우리가 어떤 것을 배울 수 있을 것인가 살펴보자.

예수의 인간 이해

하나님이 전지전능하시다는 의미는 무엇일까? 그는 모든 것을 다 알고 있으며, 그러기에 모든 것에 대하여 적절하게 개입하여 사건을 중재할 수 있다는 의미인가? 질문에 '예' 라고 답하면 하나님에 대한 속성을 힘의 논리로 보는 것이기 때문에 현실적인 문제에 도움을 별로 주지 못한다. 비슷한 예로, 수 년 전 미국에서 발생한 9.11 테러로 인한 수많은 사람들이 희생된 사건, 미군의 공격으로 죽어가는 이라크인들, 지금도 세계 곳곳에서 종교를 빙자하여 발생하는 국지전으로 인한 인명 피해, 그리고 각 나라에서 발생하는 불행한 사건의 연속을 보면서 과연 전지전능한 하나님은 이러한 시기에 어디에 계시는가? 하는 질문을 하게 된다. 힘의 논리에 의한 하나님 해석은 이러한 질문에 적절한 답을 주지 못한다. 그러나 우리는 신약성서의 바울이 한 신앙적 고백에서 과연 예수가 누구인가에 대한 답을 찾을 수 있다.

> 여러분 안에 이 마음을 품으십시오. 그것은 곧 그리스도 예수의 마음이기도 합니다. 그는 하나님의 모습을 지니셨으나, 하나님과 동등함을 당연하게 생각하지 않으시고, 오히려 자기를 비워서 종의 모습을 취하시고 사람과 같이 나타나셔서, 자기를 낮

> 추시고, 죽기까지 순종하셨으니, 곧 십자가에 죽기까지 하셨습니다. (빌립보서 1:5-8)

이 글이 강조하는 의미는 하나님의 전지성, 즉 우리가 문화적인 맥락에서 언급한 전문성이라는 것은 인간의 모습으로 이 땅에 태어나 33년을 사신 예수라는 인물을 통해서 가장 적절하게 표현되었다는 것이다. 예수를 통해서 나타난 하나님의 모습은 마치 쇠렌 키르케고르(Søren Kierkegaard)이 비유와 같이 왕이나 힘이 있는 군사로 나타난 것이 아니라 농부의 딸과 같은 모습이다. 예수는 인간과 같은 모습과 심정을 가지고 인간 세계에 함께 계셨다. 그는 사람의 모습으로 오시고 자신을 낮추어 결국은 십자가 위에서 처형을 당했다.

바울은 예수의 삶을 통해서 나타난 하나님의 힘이란 힘의 전권을 사용하고 있다는 의미가 아니라, 인간의 모습을 가지고 사람들과 함께하였고, 자신의 마음과 몸을 고통받는 사람들을 위해서 희생한 것으로, 그것이 진정한 하나님의 전지전능성이라고 보고 있다. 독일의 신학자 위르겐 몰트만(Jurgen Moltmann)도 하나님의 속성에 대하여 다음과 같이 설명한다.

> 하나님은 인간의 기준에서 보는 사람이라는 개념의 수치에 따라 인간이 된 것이 아니다. 그는 우리가 되고 싶지 않은 추방당한 자, 불행자, 십자가에 처형된 자가 되었다. "저 사람을 보라(Ecce Homo!)."라는 것은 우리 인간의 확신에서 나온 것이 아니다. …… 이것은 십자가에서 비인간화된 하나님의 인간성

을 인정하는 신앙의 고백이다.[2]

몰트만은 예수와 하나님의 고난을 동일화했고, 동시에 십자가에 못 박힌 예수는 하나님 안에서 발견되었다고 보았다. 이 하나님은 세상에서 소외된 자로 살고 있는 자, 힘없는 자, 도움받지 못하는 자들과 함께 있다. 하나님은 그의 약함에 있는 것보다 강하지 않고, 자기포기(self-surrender) 안에 있는 자신보다 영광스럽지 않으며, 십자가에 있는 것보다 힘 있지 않으며, 사람들 안에 있는 것보다 더 신성하지 않다. 즉, 하나님은 예수의 약함, 자기포기, 십자가상에 있고, 사람들과 함께 있는 그것이 하나님 본연의 모습이기 때문에 예수의 고난을 통하여 소외되고 힘없는 사람들의 고난을 경험하고 있는 것이다.[3]

만일 하나님이 인간의 고통에 대하여 절대적으로 둔감하다면 하나님은 인간의 고난에 참여할 능력이 없는 것이다. 그리고 인간의 고난을 알 수 없는 하나님은 사랑을 할 수가 없다. 이런 하나님은 사랑이 없는 사랑을 가지고 있는 '부동의 동자(unmoved mover)' 이기 때문이다. 다른 의미로, 인간의 고난에 대하여 하나님이 설명될 수 없다면 하나님은 인간의 세상과 분리되어 있으며, 하나님은 악마처럼 모독될 것이다.[4] 그렇다면 예수의 삶을 통해 나타난 모습을 통해서 나타난 구체적인 사례를 통해서 살펴보도록 하자.

공감과 예수의 삶

공감(empathy)이라는 용어는 상담심리학에서 가장 즐겨 쓰는 용어 중 하나다. 이 뜻은 앞서 살펴본 바와 같이 '남의 신을 신고 걸어본다(get into one' s shoes.).' 는 의미다. 사람과 사람 간에 대화와 상담이 진행되기 위해서는 다른 사람의 신발을 신어 보는 심정으로 남의 이야기의 세계에 들어가야 한다는 말이다. 남을 잘 이해하기 위해서 자신의 신발이라는 편견이나 고정된 인식을 신발을 벗어버리듯 벗어야 비로소 남의 신을 신을 수 있다는 뜻이다. 자신의 신을 벗고 남의 신을 때 비로소 걸을 수 있고, 때로는 뛸 수도 있는 것과 같이 남의 입장에서 설 때 세상을 보는 눈과 깊이가 달라질 수 있다.

사람은 누군가 자신의 입장에 대하여 같이 서 주는 공감적인 정신과 태도를 보일 때 힘을 얻는다. 어린아이는 부모님이 있을 때 다른 이의 앞에 있을 때보다 훨씬 더 적극적이다. 필자는 오래 전에 유치원생들을 데리고 태권도장을 방문한 적이 있었다. 모두 태권도를 배우는 아이들이었는데 그날은 손발로 송판을 격파하는 날이었다. 아이들이 조그만 발과 손으로 나무를 격파할 때 사범들은 미리 준비한 나무로 쉽게 격파할 수 있도록 도와주었다. 격파가 목적이 아니라 할 수 있다는 용기를 주는 것이 목적이었다. 아이들은 송판을 하나씩 격파하고 나서 그 부서진 판자를 가지고 부모에게 달려가서 보여주었다. 어린아이들이지만 부모가 자신들에게 관심과 관계를 가지고 있다는 사실을 느끼는 존재임을 알려 주는 예다. 아이들은 자신을 보호하고 관심을 가지고 있는 부모가 있다는 사실을 의식하면서 송판을 격파한 것이다.

성서는 인간이 하나님의 형상(the image of God)으로 창조되었다고 한다. 그러면 하나님의 형상으로 만들어졌다는 의미는 무엇일까? 우리가 하나님의 외모를 닮았다는 의미인가? 아니면 내면의 세계가 닮았다는 의미인가? 혹은 두 가지를 다 닮았다는 의미인가? 이러한 해석에 대하여 다양한 의견들이 많이 있어서 한두 가지를 콕 집어서 정의하기가 쉽지는 않다. 그러나 가장 진실한 표현에 가까운 것은 하나님의 형상이라는 것이 곧 공감을 의미한다는 점이다.

하나님의 형상이 곧 공감을 의미하며, 공감이라는 것이 남의 신을 신고 걸어 본다는 의미임을 앞서 성서에서 인용한(빌립보서 2: 5-9) 내용을 보면 더 확연히 드러난다. 이 내용의 핵심은 예수가 자신의 격(格)을 버리고 인간의 모습, 곧 종의 모습으로 왔고, 복종함으로써 십자가에서 죽었다는 고백이다. 이 내용을 심리적 용어인 '공감' 과 비교해 보면 바로 이것이 '남의 신을 신고 걸어 본다.' 라는 의미와 일치한다는 점을 알 수 있다.

하나님의 정신을 가지고 평생을 산 예수의 인간 이해는 항상 이 공감이 전제되었다. 당시 사회의 지배층이었던 정치인들, 종교인들 대다수는 인간 이해에 있어서 공감보다는 겉으로 드러난 사회적 신분으로 사람을 평가하였다. 당시의 사람들은 예수를 "창기와 세리의 친구"라고 불렀다. 이 표현은 개인에게 상당히 모독적인 발언이다. 이 창기와 세리는 당시 사회가 인간으로 취급하지 않은 사회 층이었다. 창기는 몸을 파는 저속한 인간이기 때문에 세리는 유대인의 돈을 걷어 로마 제국에 세금을 바치고 자신의 배를 채웠기 때문이었다.

예수는 손가락질 받는 그 창기와 세리의 내면을 보고 그들의 친구가 되셨다. 하지만 당시 지도자들은 사람들을 겉으로 드러난 면을 보고 사람들을 평가하였다. 그러나 한 개인을 이해하는데 표면적인 이해에 그치면 그것은 잘못된 판단이다. 당시 사람들이 아래로부터 해석하기보다 위로부터 해석을 했기 때문에 이러한 과오를 범한 것이다.

2,000년 전에 여성이 몸을 파는 직업을 선택했다는 것은 철저하게 사회적인 배경에서 이해되어야 한다. 여성으로서 부모나 남편을 잃었을 때 가부장적인 사회의 여성들이 생존하기 위해 택할 수 있었던 직업이 뭐가 있을까?

당시의 지배층은 자신들이 지키고 있는 율법과 도덕을 기준으로 하여 그렇지 못한 피지배계급을 가학하는 도덕적 사디즘(sadism)에 빠져 있다고 할 수 있다. 신학자 라인홀트 니부어(Reinhold Niebuhr)는 인간이 가진 악 중 '도덕적 자랑(Pride of Morality)' 에 대하여 지적한다. 즉, 아무리 사람들이 도덕이나 종교적 교리를 잘 준수한다 하더라도 인간이기 때문에 가지는 제한성이 있다는 것이다. 도덕이나 종교적 교리의 지키는 것은 자신의 생활을 다른 사람과 차별되게 만들 수 있고, 고상하게, 정결하게 만들 수 있는 것도 사실이지만, 자신이 준수하고 있다는 생각에 그것을 준수하지 못하는 사람들을 도덕적으로 판단하고 종교적으로 정죄하게 된다는 말이다. 이렇게 함으로써 사람은 자신이 아무리 도덕적으로, 종교적으로 산다고 하더라고 자신의 모순에 빠지게 되는 인간의 한계성을 노출한다.

예수님 시대 당시의 사회지배층이나 종교 지도자들은 이러한 모순에 빠져서 세상과 사람을 보는 눈을 상실했다. 자신들이 지키고 있는 종교적 도덕과 교리를 중심으로 사람을 평가하고 등급을 매겼고, 특별히 창기들을 사람 취급하지 않았다. 이는 당시 지도자들이 자신들이 도덕적 기준을 창기와 세리에게 적용하고, 그 표준에 따르지 못하여 자신들을 자책하고 스스로 주홍글씨를 새기고 다니면서 심리적 고통을 당하는 사람들을 보면서 지도층들은 도덕적 사디즘을 통하여 희열을 맛보는 것이다.

성서에 기록된 예수 생애에 있어서 또 다른 사건을 살펴보자(요한복음 8:1-11). 유대인의 율법에는 간음(adultery)을 하다가 발각된 여인을 공개적으로 돌을 던져 죽이도록 하는 규례가 있었다. 당시 종교 지도자들이 현장에서 간음하다 잡힌 여인을 예수에게 데리고 와서 이 여인을 어떻게 할 것인지 질문한다.

> "모세의 율법에, 이런 여자들을 돌로 쳐 죽이라고 우리에게 명하셨습니다. 그런데 선생님은 뭐라고 하시겠습니까?"

이러한 질문에 대해 예수는 몸을 숙여 땅에 천천히 글씨를 쓰면서 모든 사람들에게 이 사건에 대하여 자신들을 돌이켜 볼 시간을 주었고, 사람들을 향하여 "너희 가운데서 죄가 없는 사람이 먼저 이 여자에게 돌을 던져라."라는 대답을 한 후 다시 몸을 숙여 땅에 글을 썼다. 이 장면을 성서는 다음과 같이 기록한다.

> 그리고는 다시 몸을 굽혀서, 땅에 무엇인가를 쓰셨다. 이 말

씀을 들은 사람들은, 나이가 많은 이로부터 시작하여, 하나하나 떠나가고, 마침내 예수만 남았다. 그 여자는 그대로 서 있었다. 예수께서 몸을 일으키시고, 여자에게 말씀하셨다. "여자여 사람들은 어디에 있느냐? 너를 정죄한 사람이 한 사람도 없느냐?" 여자가 대답하였다. "주님, 한 사람도 없습니다." 예수께서 말씀하셨다. "나도 너를 정죄하지 않는다. 가서, 이제부터 다시는 죄를 짓지 말아라."

예수의 이러한 답변은 도덕적 사디즘에 빠져 있던 당시 종교 지도자들의 내면에 진정한 인간 이해에 대하여 자극하기 시작한다. 나이 든 사람들로부터 시작하여 뒤에 젊은이들이 떠난 것은 인간이 오랜 세월을 살아갈수록 죄로부터 자유로울 수 없다는 것을 알기 때문에 노인들이 먼저 그 자리를 떠났다고 볼 수 있겠다.

일선의 검사들이 사람을 조사하여 그 사람의 부정한 것을 밝히려면 얼마든지 할 수 있다고 말한다. 결백한 사람은 없다는 말이다. 수사기관에서 이러한데, 하나님이 우리 인간 개개인에 대한 조사를 시작한다면 어느 누가 자유로울 수 있겠는가? 예수는 문제가 발생하는 것에 대해 문제 제기를 하는 것이 아니라, 그 곤경에 빠진 사람들을 어떻게 현실적으로 이해하고 그 어려움으로부터 구해 줄 수 있는가에 관심을 가지고 인간에 대한 이해와 접근을 시도한다. 그렇기에 수많은 사람들이 제자의 길을 걷기 시작한 것이다.

필자가 있었던 교회에서 발생한 일이다. 미국의 교민들은 설이나 추석을 맞으면 고국에 있는 부모나 형제들에게 안부전화를 하곤 한다. 그런데 K라는 여인은 명절 때가 되면 자신은 고국에 부모나 형제가 없기 때문에 안부전화를 할 수 없다고 말하곤 했다. K는 부모가 누구인지도 모른 채 유아 때부터 고아원에서 성장하였다. 고아원에서 늘 외로웠고 18세가 된 후 고아원을 떠나 직업을 구하려고 전전긍긍하다가 미군 부대 근처 술집에서 일하게 되었다. 그 와중에 미군을 만나 결혼을 하였고, 미국으로 이주하여 자녀도 낳았다. 그러나 결혼생활은 오래 가지 못했고, 결국 이혼을 한 후 홀로 두 자녀를 양육하고 있었다.

한번은 예배에 '창기와 세리를 사랑하신 예수' 라는 제목으로 설교를 하게 되었다. 이 설교의 주된 내용은 앞에서 언급한 것과 같이 예수는 인간의 이해를 겉으로 보이는 것으로 하지 않고 내면을 이해하는 분이라는 이야기를 하였다. 그런데 이러한 설교를 듣고 있던 K가 눈시울을 붉히더니 밖으로 뛰쳐나갔다. 한참 후에 돌아온 K의 얼굴은 얼마나 울었는지 눈 주위가 부어 있었다. 이 일 이 후에 K의 행동에는 많은 변화가 있었다. 고아원에서 성장해서인지 사람들과 접촉하고 대화하는 것을 피하거나 머뭇거리기 일쑤였는데, 이제는 사람들과의 대화에 들어오려고 노력했고, 교인들의 여러 모임에 참여하였다. 주위의 사람들도 K의 변화된 태도에 놀라곤 하였다.

공감의 위력은 사람에게만 국한 되지 않는다. 곰을 양육하고 훈련시켜 영화에 출연시키는 사육사와 곰의 생활 이야기를 본 적이 있다. 곰은 성인의 몸에 비해 2.5배에 달하는 큰 덩치의 모습을 가졌다. 그런데 이 곰이 사육사과 함께 지내는 것이 마치 부자지간에 씨름을 하는 것과 같이 정답게 지내는 것이 아닌가. 이러한 모습을 보던 사람들이 어떻게 곰과 인간이 이러한 관계를 형성할 수 있는지 묻자, 사육사는 훈련보다 먼저 곰의 존엄성(dignity)을 존중하면서 이러한 관계를 형성하게 되었다고 고백한다.

존엄성이 무엇이기에 언어와 생활이 다른 인간과 동물이 한 울타리에서 정을 나누면서 공생할 수 있는 것일까? 존엄성이란 인간이나 동물이 가지고 있는 격(格)을 인정하는 것이다. 격을 인정한다는 것은 사람이 하나님으로부터 이 세상에 태어났으며, 사회적 신분이 어떠하든 인간 그 자체보다 귀할 수 없다는 생각을 가지고 그 사람을 받아들이는 것이다.

창기와 세리가 예수의 친구가 되고 그의 교훈을 따르려고 노력한 것은 예수가 자신들의 존엄성을 인정해준 때문이었다. 이 존엄성에 곰이 인간과 함께 거한다면, 언어와 감정이 유사한 인간이 왜 교훈을 따르지 않겠는가?

신앙은 이념이 아니라 인간애의 생활

예수 당시 배척받는 창기가 출생 시부터 바른 사회환경에서 성장을 했다면 과연 그러한 직업을 가지고 살아갔을까? 세상에 태어나면서 부모를 선택한 사람도 없고, 국가와 민족을 선택하여 태어난 사람도 아무도 없다. 경제적으로 풍요롭고 지혜를 겸비한 부모를 선택하여 태어날 수만 있다면 얼마나 좋을까? 그래서 철학자 마르틴 하이데거(Martin Heidegger)는 인간을 칭하여 "우주에 던져진 존재"라고 말했다. 이 말은 인간이 어디서 왔으며 어디로 가는지를 모르는 우주의 고아와 같은 존재라는 것이다.

갓난아기가 태어났을 때 울음을 터트리는 이유를 심리학자들은 모태(母胎)와 전혀 다른 세상을 체험하는 데서 오는 이질감이나 공포에서 오는 것이라고 보고 있다. 환경의 변화로 인해 사람들은 불안을 느낀다. 그러나 바른 사회적 환경은 이런 불안을 종식시키고 개인이 정체성을 형성할 수 있는 기초를 마련한다. 이러한 점에서 태어나서 왜 살아가느냐? 왜 먹느냐? 무엇을 위해 살아가느냐? 하는 실질적인 질문들에 대한 답은 이 아이가 얼마나 바른 부모와 사회적 환경에 영향을 받느냐에 따라 달라질 수 있다.

심리학자 알프레트 아들러(Alfred Adler)는 인간이 가진 본능을 성취(power), 안전(security) 그리고, 성장(growth)으로 보았다. 인간은 이 세 가지를 평생 체험하면서 살아갈 때 건강한 자기를 형성할 수 있다. 그런데 이 세 가지 요소는 역시 어떠한 돌봄(caring) 환경에 거하느냐에 따라 달라질 수 있다. 인간이 우주에 버려진 존재라는 외로움을 극복하기 위해서는 가정과 사회의 돌봄을 체험하게 될 때 비로소 사는 것의 의미를 찾을 수 있다. 그래서 살아 간다는 것은 관계를 통해서 의미를 만들어(meaning making) 가는 과정이라 할 수 있다.

의미를 만들어 내는 작업이 외부 물질적 환경의 풍요로움에 좌우되는 것만은 아니다. 예를 들면, 한 작가가 유럽의 수도원을 기행하면서 수도원의 풍경과 자연에 감탄을 하면서 자신이 형편없는 어린 시절을 보냈다는 사실을 억울해하며 세상은 공평하지 않다고 불만을 토로했다. 이를 들은 안내 수녀가 이렇게 좋은 환경이 유럽의 젊은이들을 망치고 있다는 이야기를 했다고 한다. 물질적 풍요가 반드시 행복한 것은 아니고, 물질적 빈핍이라는 것이 반드시 불행한 것도 아니다. 중요한 것은 환경을 해석하고 받아들일 수 있는 정신이다. 그런데 이 정신이라는 것은 부모와 사회적 환경이 어떻게 돌봄을 제공하느냐에 따라 형성되는 중요한 요소다.

돌봄이 잘 제공되면 아이들이나, 심지어 성인들도 자신 안에 서서히 긍정적인 자아상을 심고 발전시킬 수 있다. 이것을 심리적 용어로 진정한 자기(True Self)라고 한다. 이 진정한 자기는 성장하면서 바른 관계가 지속된다면 자신에 대한 자신감, 미래에 대한 도전, 창의성과 같은 긍정적인 면이 발생할 수 있다. 그러나 돌봄이 제대로 제공되지 않으면 거짓된 자기(False Self)가 형성된다. 예를 들어, 아이들에게 가장 필요한 의식주가 부모들 통해서 적절하게 제공되지 않으면, 아이들은 서서히 자신의 내부에 외부세계가 위험하다는 생각을 가지게 된다. 사람들이 무섭고, 어른들이 두려운 존재이고, 살아가면서 대인관계에 문제를 가지게 되고, 도전과 성취를 가지기보다는 자기 내부 안에 만들어낸 집에 기거하여 바깥세상과의 접촉을 거부하기 시작한다. 그래서 비관적이고 폭력적인 태도로 세상을 보고 파괴적인 생각을 하게 된다.

인간 사회에서 지도층들이 가지는 권력이나 성공의 의미는 개인이나, 개인이 소속된 집단의 힘 행사에 중점을 두고 있다. 소위 개인적 이기주의와 집단적 이기주의에 빠진다. 편을 가르고 이러한 이기주의에 빠지는 개인과 사회의 특징은 인간관계가 철저하게 수직적이라는 점이다. 실존철학자 마르틴 부버(Martin Buber)는 인간관계가 수직적인 개인 및 사회에 대한 몇 가지 특징을 열거하였다. 첫째, 이러한 사회는 개인의 인격이나 존엄성보다는 물질과 이익을 우선으로 하는 특징을 가진다. 그래서 거의 모든 사람들이 서로를 이용하게 되고, 인간과 인간의 관계가 나와 너(I-thou)의 관계가 아니라 나와 물건(I-it)의 관계로 전락한다. 둘째, 상대방은 나에게 있어서 아주 작은 부분적인 요소라고 생각을 한다. 그래서 내가 필요하면 상대방을 쓸 수 있고, 필요하지 않으면 처분해 버리기 때문에, 나의 경험을 위해서만 사용을 한다. 셋째, 이러한 관계는 나를 중심으로 한 일방적인 관계다.

일방적인 인간관계가 형성된 사회의 특성 중 하나는 사람들을 외관, 겉으로 드러난 것에 의해서 판단을 하기 쉬운 사회라는 점이다. 예수 시대에 종교 지도자들이 가진 모순점은 바로 인간관계가 매우 수직적인 관계로 되어 있었기에 가정적 · 사회적 배경을 중심으로 인간을 판단했다는 것이다. 더구나 더 무서운 것은 이러한 인간 판단 기준에 당시 자신들이 가졌던 종교적 개념들을 내포하여 평가를 했다는 점이다. 종교 교리나 신념이 인간을 이해하고 포용하고 교육하는데 사용되기보다 집단과 집단을 분리시키고, 일부 사람들에게 죄책감을 가중시켰다. 당시 종교 지도자들이 가진 잘못된 생각은 힘과 권력에 대한 잘못된 생각을 가지고 있었다. 권력이나 힘의 본질적인 의미는 개인이나 특정 집단이 소유하고 누리는 것을 의미하지 않는다.

『야생초 편지』라는 책에서는 하나의 좋은 꽃이 돋보이는 것은 주변에 무수히 자라고 있는 잡초가 있기 때문이라고 말한다. 즉, 잡초

없이 좋은 꽃이 두드러질 수 없다는 의미다. 잡초나 좋은 꽃은 구분은 가지만 이것이 어떤 차별을 위한 기준이 될 때 원래 잡초와 꽃이 가진 의미는 상실된다. 꽃이 잡초에게 감사를 하고 자신의 위치를 잡초를 위해 사용할 때 그 꽃의 위력이 발하는 것이다.

잡초를 볼 수 없는 권력이나 신앙은 늘 이념을 낳고, 그 이념을 신앙화한다. 이러한 일은 예수 당시의 종교인들만이 아니라 오늘날에도 발생을 하고 있으며, 미래에도 발생할 것이다. 예를 들면, 이스라엘과 팔레스틴의 전쟁과 국지전이 그 예가 될 수 있다. 미국도 성전(holy war)을 선포하고, 이라크도 성전을 선포하여 신의 이름으로 적에 대한 공격과 보복을 강조를 한다.

신앙과 이념의 차이는 무엇일까? 이념에는 반드시 개인과 집단의 이익과 연관되어 있다. 그러나 신앙은 개인과 집단의 이익과는 연관이 되어 있지 않다. 그리고 신앙은 인간을 살리고 구원하는 데 그 목적이 있다. 그런데 예수 당시의 종교인들이 가진 것은 자신들이 마치 신앙을 하고 있는 것처럼 의식(rite)과 형식을 가지고 있으나, 이것이 예수의 눈에는 철저하게 신앙을 가장한 이념이었다. 예수는 신앙이라는 것이 이념이 아니라 인간애(humanity)가 중심이 되어야 한다는 회복의 신앙을 강조하였기 때문에, 당시 사회지도층에서 죄인 취급한 창녀와 세리에게 관심을 가진 것이다.

아이들의 환경에 따라서 자신의 자기형성을 해 나가는 것과 같이, 좋은 돌봄을 받았을 때 자신의 잠재성을 발달시킬 수 있는 것과 같이 예수의 언행은 당시 사회에서 인간 취급을 받지 못하는 사람들을 새롭게 살 수 있게 하고, 그들이 출발할 수 있는 용기를 준 것이다.

예수의 삶은 사람들에게 바른 돌봄을 제공해 주었고, 사람들은 이 돌봄을 통해 자신의 가능성, 잠재성, 그리고 삶의 의미를 발견한다.

수직적 차원을 인정하는 신앙

20세기 주요 신학자 중 한 사람인 파울 틸리히(Paul Tillich)는 1950년대에 자신의 저서 『19-20세기 프로테스탄트 사상사(*Perspectives on 19th and 20th century protestant theology*)』에서 구(舊) 소련의 멸망을 예언했다. 그 이유는 구 소련이라는 국가가 자신의 이념을 어떤 것보다 최고의 위치에 놓고, 이러한 국가적 이념이 변할 수도 없고, 모순되지도 않다는 확고한 신념을 가지고 있었기 때문이다. 신학자 틸리히의 지적은 국가나 개인이 자신들이 신봉하고 있는 이념이나 신앙에 대하여 아무런 문제가 없고 완벽하다고 주장하고 있다면 그것은 스스로가 폐망할 수밖에 없는 논리라고 보는 것이다.

틸리히는 어떤 이념이나 종교라는 수직적 차원에 대하여 수용해야 함을 역설한다.[5] 수직적 차원(vertical dimension)이란 인간의 이념이나 종교가 아무리 견고하더라도 그 자체에 모순이 있다는 점을 인정하는 것이다. 즉, 하나님 앞에서 어떠한 이념이나 신앙도 완전한 것은 없다는 의미다. 하나님은 완전하지만 하나님을 신앙하는 기독교는 인간이 만든 종교이기 때문에 완전하다고 할 수 없다. 역으로 이야기하면 내가 가진 신앙과 이념이 불완전하다고 느낄 때 그 자체가 좀 더 완전해질 수 있다는 의미다.

인간이 하나님 앞에 “내가 죄인입니다.”라고 고백할 수 있을 때 그 사람이 발전할 수 있는 것이지, 자신이 가진 의(義)나 무죄에 대하여 자랑한다면 이것은 수직적 차원을 부인하는 셈이다. 수직적 차원의 인정이 개인이나 단체나 국가에서 수용하는 것이 중요함에도 불구하고, 사람은 이것을 잘 인정하지 않는다. 이렇게 자신의 단점을 인정하지 않을 때 인간의 역사 안에는 어떠한 일이 발생할까?

프로이트가 종교를 환영이라고 한 말을 ‘약’으로 생각하고 수용하면 약이 된다. 어떠한 종교이든 거기에는 인간의 욕심과 생각이 녹아 있는 것이다. 인간은 자신과 집단의 욕심을 채우기 위해서 끊임없이 종교를 이용하여 자신의 말이나 행동을 합리화하고, 자신의 불안을 해소하려 하고, 자신의 입장을 수호한다. 그러므로 바른 종교와 바른 신앙인이 되기 위해서는 자신이 가진 종교의 한계성과 신앙인으로서의 허물을 볼 수 있어야 하며 그때에 비로소 이 사회와 개인에 대한 하나님의 뜻을 볼 수 있는 것이다.

성서에는 이러한 삶과 신앙의 자세에 대한 교훈이 있다. 당시 종교 지도자 중의 한 사람이 교회의 입구에서 헌금을 한 후 하늘을 우러러 자신에게 헌금을 할 수 있도록 허락한 하나님에게 감사의 기도를 드렸다. 그리고 다른 한 사람은 하늘을 우러러 보지도 못하고 죄인인 자신을 용서해 달라는 기도를 했다. 예수는 이를 보고 하나님이 받으신 기도는 죄인인 자신을 용서해 달라는 기도라고 제자들에게 가르쳤다. 이 내용은 사람이 자신의 허물을 인정하고 하나님 앞에 서는 인간이 비로소 바른 신앙을 할 수 있다는 교훈을 준다.

하나님 앞에 서는 인간이나 어떤 조직의 이념도 완전할 수 없다.

완전을 강요하는 것은 자신들의 모순을 감추려는 억지이며, 결국 그것을 강조하는 종교는 이념적인 종교가 된다. 진정한 종교인이 되는 것은 수직적 차원의 하나님을 인정하고, 그 앞에 서있는 개인이 허물이 있음을 인정하고 고백하는 것이다. 그때서야 비로소 불완전에서 완전을 향한 진행이 이루어지는 것이다.

넘어야 할 흑백논리의 신앙

열정과 냉정의 차이는 무엇일까? 열정이 있는 사람은 뜨거운 에너지가 동반되어 물불 가리지 않고 자신이 하는 일에 참여를 할 수 있는 것이다. 이것에 비해 냉정은 좀 더 이성적인 시각을 가지고 자신과 타인을 바라보는 것이다. 심리학에서 보면 열정을 가장 많이 가질 수 있는 연령대는 청소년기 시절이다. 신앙도 성장하면서 좀 더 성숙한 신앙을 가질 수가 있는데, 이러한 성장 과정 중에 가지게 되는 단계가 열정적인 신앙이다. 그러나 열정적인 신앙 단계가 최종적인 신앙의 성숙을 의미하지 않는다. 마치 청소년기를 인생의 완성 단계로 보지 않는 것과 같은 논리다.

열정적인 신앙이 있어야 함에도 불구하고 이 신앙을 넘어서야 하는 것은 이 열정적인 신앙이 가지는 한계 때문이다. 마치 청소년 시기에 자기가 사랑하는 사람이나 일 외에 그 어떤 가능성에 대하여 잘 볼 수 없는 것과 같은 이치이다. 그 한계성 중 하나가 흑백논리다. 흑백논리는 상생(相生)에 대한 생각보다는 '내 편이 아니면 적이다' 라는 생각을 가지고 생활하는 것을 의미한다. 지금 "내가 가지고 있는 것, 내가 생각하는 것, 내가 체험하는 것 이것들만이 바른 것이다." 라고 생각한다.

흑백논리는 자신들이 가진 의견을 이념화하고, 그 이념을 바탕으로 때로는 그 이념에 충성하고 목숨까지 요구한다. 인간관계나 종교에 있어서 발생하는 흑백논리는 상대방이 내 의견에 따르지 않으면 상대를 적으로 생각하기 때문에 늘 분쟁이 발생하기 쉽다. 예수 시대의 종교 지도자들이 사회에서 냉대받는 창기와 세리에 대하여 사회적인 면에서 이들에 대한 이해하지 못한 것은 바로 이러한 이념적인 신앙 때문이었다. 그리고 이러한 이념적인 신앙은 개인과 단체에게 우상주의(idolism)에 빠지도록 하기 때문에 맹목적인 신앙생활을 하도록 유도하기도 한다.[6] 이들은 진정한 신앙 대상을 신앙하는 것이 아니라, 자신들이 만들어낸 교리를 신앙하기 때문에 우상을 숭배하는 것과 같다.

흑백논리에 휩싸인 종교는 인간을 살리기보다는 종교가 인간을 죽이고 감금하는 역할을 하게 된다. 왜냐하면 흑백논리는 신앙이 아니라 이념적 신앙이기 때문이다. 열정이 신앙이 되기 위해서는 타인이 가진 의견에 대하여 대적하는 자세를 가져서는 안 된다. 상대의 의견이 틀렸다 해도 연대성으로 생각해야 한다는 말이다. 연대성이라는 내가 알지 못하고 체험하지 못하는 부분을 상대방이 보완을 해준다는 의미에서 수용을 해야 한다는 뜻이다.

이념적 신앙을 넘어 실천적 인간애의 신앙을 향하여

현대 신학과 신앙에 큰 영향을 준 신학자 니부어는 미국 미시간 주에 있는 디트로이트에서 13년간 산업 현장의 노동자들과 함께 목사로 사역하였다. 그는 산업 현장에서 자신이 가진 13년간의 경험을 바탕으로 참된 신앙이란 어떤 것인가를 우리에게 말해 준다. 그리고 이는 그의 신앙과 사상이 예수가 당시 종교 지도자들 사이에서 어떻게 바른 신앙을 보여 주었는가라는 차원과도 상당한 공통점이 있다.

니부어는 기독교가 현장을 무시하고 기독교를 전파하거나 가르치는 것은 비밀스러운 종교가 되는 것이라고 지적한다. 비밀스러운 종교가 된다는 것은 사람이 살아가는 현장을 무시하면 기독교는 샤머니즘적인 종교요, 현실에서 떠나 기복을 추구하는 사교가 된다는 의미다. 동시에 기독교 자체 내에 가지는 교리의 다양성은 현장의 체험을 통해서 극복되어야 한다고 보았으며, 현장성을 무시하고 교리만을 주장하면 곧 복음의 어리석음(the foolishness of the Gospel)을 나타내는 것이라고 보았다.

앞서 밝힌 것과 같이 사람은 각 개인에 따라서 다양한 성장 환경을 가지고 자랐기 때문에 다양한 의견을 가질 수밖에 없다. 문제는 각자가 가진 다양성을 절대화하려고 노력하는 것으로 인해 힘이 없는 사람들이 피해를 입게 되고, 힘을 가진 자들은 자신들이 가진 의견을 이념화 내지는 종교화시켜서 절대화한다는 것이다. 예수 당시

지배층들의 문제는 바로 이런 것에 있었다. 그렇기 때문에 니부어는 이러한 다양성은 현장적인 문제에 몸을 담고 체험하면 교리적 다양성을 극복할 수 있는 공통점을 발견할 수 있다고 생각했다.

필자가 아는 목회자가 시골 벽지에서 목회를 하게 되었다. 처음에는 낯선 곳이라 정이 들지 않아 애를 먹었고, 어떻게 해야 주민들에게 하나님을 소개할까 하는 고민에 빠지게 되었다. 그런데 이 목회자는 이론적으로, 때로는 교리적으로 기독교를 주민들에게 소개하기보다는, 자신이 속해 있는 지역사회가 가지는 문제가 무엇이고, 교회가 어떻게 이러한 문제를 해결하여 줄 수 없을까 하는 고민을 하였다. 그래서 노령화되어가는 사회에 교회가 노인들의 문제를 껴안기 위해서 노인복지시설에 관심을 가지게 되었다. 그리고 서서히 무의탁 노인이나 집안에서 모시기 어려운 노인들을 자신의 교회가 건립한 실버타운에 노인들을 모시기 시작했다. 이런 일들이 수년간 계속되자 이 교회가 속해 있는 지역사회에서는 교회에 대한 인식과 기독교인에 대한 인식이 매우 새롭게 변하게 되어 바른 영향력을 미칠 수 있게 되었다.

현장에 참여를 하여 교리의 다양성을 극복할 수 있는 이유는 생활의 실천적 체험을 통해서 인간이 공통점으로 느끼고 경험하는 핵심적인 요소인 인간애를 끄집어 낼 수 있기 때문이다. 이 인간애는 하나님이 우리 사람들에게 심어 준 정신이요 심리이기에, 우리가 이 요소에 접근을 할 때 사람은 이념과 종교를 초월하여 있는 하나님의 정신에 가까워지는 것이다.

사회보장제도가 정착되면서 서구에는 호스피스(Hospice) 병동이 있다. 이것은 죽음을 기다리는 말기환자들이 죽음을 숭고하게 받아들일 수 있도록 병원에서 따로 마련한 병동이다. 우리나라에서도 이 병동들이 조금씩 정착되고 있는 상황이다. 경기도에 위치한 한 호스피스 병동은 말기 암 환자들을 돌보아 주는 시설이다. 이 병원에 모이는 사람들은 종교인으로부터 시작하여 무종교인들까지 모여서 교육을 받고 자원봉사를 한다. 그런데 이상한 것은 여기에 모인 사람들이 종교가 다름에도 불구하고, 종교로 인해서 다투거나 상극이 벌어지는 일이 없다는 것이다. 그 이유는 간단하다. 이들이 모인 목적은 암 말기에 놓인 사람들을 편안하게 모시고 인간다운 존엄성을 가지고 죽음을 맞이할 수 있도록 하는 데 있기 때문이다. 그러기에 어떠한 이념이나 종교를 가지고 있든 그것은 인간애를 중심으로 모인 사람들에게 분쟁거리가 되지 않는다.

우주와 그 중심에 인간을 지으신 하나님의 속성은 예수의 삶을 통해서 적나라하게 우리에게 나타나고 있다. 그는 인간의 삶 속에 동참하시는 분이며 우리 사람들과 끊임없이 관계성을 형성해 나가는 분이다. 종교와 이념에 앞서서 개인의 환경과 성장 배경을 이해하며, 이러한 환경으로부터 파생된 결과에 대하여 책망하기보다는 세리와 창기의 친구가 되어 준 것과 같이 오늘날도 같은 마음으로 우리 인간을 이해한다. 그러기에 거기에는 죄를 헤아리기 이전에 용서와 관용이 앞서 있다. 기독교인이나, 타종교인이나, 혹은 무교주의자나 혹은 불신론자라도 우리가 먼저 해야 할 일은 이념과 종교성의 차이성으로 인한 종교를 위장한 교리 싸움, 이념적 싸움이 아니라, 우리가 사는 이 시점에서 사람들이 바르게 살기 위해서 당장 필요로 하는 것이 무엇인가를 골몰히 생각하고 거기에 참여하는 일이다. 이렇게 살아갈 때 우리는 내가 왜 사는지, 무엇을 위해 살아가는지에 대한 명료한 답을 얻지는 못해도 인간으로서 진리의 근사치에 가깝게 살아가고 있다는 사실을 가슴 깊숙한 곳으로부터 느낄 수 있을 것이다.

예수의 삶, 사상 그리고 신앙은 인간을 밑바탕으로부터 시작하여 이해하며, 사회의 편견에 시달리는 사람들을 이해하고, 관용하고, 돌봄을 제공해 주는 것이었다. 오늘 이 시대에 기독교인이 된다는 것은 현장성을 떠나 이론이나 교리에 치중하여 사는 편협한 사람이 되는 것이 아니라, 내가 살아가는 현장에 사람들이 필요로 하는 것이 무엇인지를 파악하고 그 현장에 참여함으로써 인간애를 나누고, 받는 작업을 하는 것이다. 이것이 오늘을 살아가는 현대인에게 예수가 주는 메시지다.

후주

1 이 글은 기독교의 이해(계명대학교출판부, 2010)에 실린 필자의 글을 수정 · 보완한 것이다.

2 Jurgen Moltmann, *The Crucified God*, R. W. Wilson & John Bowden trans. (Minneapolis: Fortress Press, 1993), p. 205.

3 같은 책.

4 같은 책. p. 274.

5 Paul Tillich, *A History of Christian Thought: From Its Judaic and Hellenistic Origins to Existentialism* (New York: Simon and Schuster, 1968).

6 임경수, 인간발달 이해와 기독교 상담(서울: 학지사, 2004), pp. 83-93.

Chapter 13

현대 가정과 기독교 신앙[1]

현대는 개인과 가정의 문제가 어느 시대보다 많이 발생하고 있다. 자녀들이 유산을 일찍 물려받기 위해서 부친을 살해하고 방화한 사건이 발생한 적이 있는데, 범인은 20대 초반의 아들이었다. 형사의 아내가 칼에 찔려 살해당한 사건이 있었다. 언론은 형사인 남편이 체포한 폭력조직 중에 앙심을 품은 자들의 소행으로 생각을 했었지만, 범인이 20대였던 큰아들로 밝혀졌다. 인간이 못하면 짐승보다 못하다는 말이 있듯 오늘날 이러한 일은 도처에서 흔하게 볼 수 있다. 다섯 살과 여섯 살인 딸과 아들에게 수면제를 먹이고 자는 아이들을 한강에 던져 살해한 비정한 아버지가 구속된 적도 있다. 일정한 직업이 없는데다 경마와 노름으로 재산을 탕진하여 빚을 갚을 능력이 되지 않자 자녀들이 부담스러워져 2주 전부터 현장답사를 한 후 이 일을 저질렀다.[2]

타인이 가족에게 피해를 입히는 지경을 넘어서 가족이 가족에게 범행을 하는 패륜적인 범죄가 도처에서 발생하고 있다. 우리나라는 하루 850여 쌍이 결혼을 하는 반면 400여 쌍이 이혼하는, OECD 국가 중 이혼율 1위 국가다. 물론 불가피한 이혼도 있을 수 있지만, 이 통계는 인간 성장의 기초가 되는 가정이 초기부터 삐걱인다는 것을 보여 준다. 인간의 과학 문명이 발달하고, 의식주에 대한 여건이 과거보다는 발전되어 의식주에 대한 것이 그 어느 시대보다도 풍요함에도 불구하고 예전에는 볼 수 없었던 이러한 파괴, 개인 및 가족의 소외와 해체 현상을 보며 비인간화가 되는 이유는 어디에 있는 것일까 생각해 보게 된다. 현대인이 생존의 수단은 알고 있으되 생존의 의미를 알지 못하기 때문일까? 이러한 의문점을 가지고 이에 대한 분석과 기독교적인 대안을 생각해 보기로 한다.

현대사회와 가정의 특징

후기 산업화와 도시화

산업혁명 후 인간에게 미친 가장 큰 영향은 '자기(self)' 에 대한 변화였다. 1900년대 초에 평균수명은 45세였으며 이들이 평생을 살면서 생활반경 150마일을 벗어나지 못했다. 그러나 산업혁명 후 사람들은 활동 영역의 확장과 신분에 대한 변화를 가지게 되었다.[3] 이러한 변화가 소위 도시화(urbanization)다.[4]

종교학자 하비 콕스(Harvey Cox)에 의하면 그는 이러한 도시의 변화를 세 가지 관점에서 보고 있다. 첫째는 첨단의 기동성(mobility)이다. 앞서 산업혁명 후 변화 중 하나로 사람의 활동반경이 넓어졌다는 지적과 같이, 현대인들의 의식을 지배하는 것은 기동성이다. 우리는 과거 어느 시대에도 누리지 못한 기동성을 가지고 하루 내에 왕복할 수 있으며, 나라와 나라도 왕복 시간이 최첨단의 기술 개발로 인해 시간대가 점점 짧아지고 있고, 머지않아 전 세계의 어느 곳이라도 일일생활권에 속하게 되는 날이 다가올 것이다. 휴대전화가 일상생활용품이 되어 사람과 사람의 거리적인 간격과 정보의 세계를 좁혀 주고 있다.

기동성은 현대인에게 가져다주는 문명의 이익도 있지만 시간을 두고 사람이 성숙할 수 있다는 것과 사람들의 관계가 단시일 내에 성숙될 수 없다는 사실을 크게 간과한다는 것이다. 더구나 가족들과 사회구성원들과의 사이에서 이러한 심리적인 구조를 가지고 살기 때문에 소외현상을 더 부추길 수가 있다.

둘째, 기술집약을 통한 집중성(concentration)이다. 기술을 통한 집중성이 현대인의 생활에 가장 빈번하게 사용되는 것이 컴퓨터일 것이다. 컴퓨터의 발명은 바퀴혁명 이상으로 현대인의 생활에 혁명적인 변화를 가져왔다. 인터넷을 통하여 세계 곳곳의 정보를 손쉽게 보고 찾을 수 있다.

보스턴 대학교의 종교사회심리학자 피터 버거(Peter Berger)에 의하면 기술집약이 된 물건은 고도의 이성적 논리에 의해서 완성된 것이기에 이 제품을 사용하는 대중들은 자신도 모르는 사이에 이성적

논리에 익숙해진다고 한다. 이성적인 생각이나 판단이 나쁘다는 것은 아니다. 다만 기계는 이성적 논리를 통해 사용할 수 있으나 사람의 관계는 그렇게 될 수 없다는 것이다. 예를 들어, 속도가 빠른 컴퓨터를 사용하는 사람은 자신이 원하는 아이콘을 클릭하면 컴퓨터는 사용자에게 빠르게 반응을 한다. 그러나 대인관계는 반드시 이렇게 기계적이지 않다. 사람은 자신이 예상하고 기대하는 것처럼 반응을 하지 않을 수도 있다. 그러나 기계문명에 익숙한 사람들은 상대방이 기계적인 반응이 보이기를 사람들에게 기대하고, 그러한 기대의 반응을 상대방이 보이지 않을 때 잘 인내하지 못한다.

셋째, 대중전달(mass communication)이다. 대중에게 가장 호소력을 가지는 것이 안방을 차지하고 있는 TV다. 조직사회와 과중한 일에 시달리는 현대인에게 생각과 분석보다는 단조로움과 오락이 일종의 휴식처일 수도 있다. 그러나 늘 상업성과 맞물려 있는 영상매체의 마술적 유혹은 대중이 메세지를 무비판적으로 수용하게 한다. 이는 또한 개인이 대중 속에 파고드는 대중매체의 가치관을 그대로 가지는 집단적 최면화 속에 살도록 한다.

성스러움(聖)과의 괴리: 불경성(不敬性)

현대인의 특징 중의 하나를 불경성이라고 한 것은 사람들이 초월적 세계에 대한 인식을 상실하고 있기 때문이다. 고대인들은 자신들이 죽을 존재인 몸(a mortal being)을 창조함 받은 피조물이라는 인식을 돈독하게 하고 있었으며, 이러한 의식은 곧 사람들로 하여금 자신들이 이 세상, 우주와 연관이 있는 성스러움(聖, the sacred)과 매우 밀접한 관계를 가지고 있다고 생각하게 했다.[5]

사람이 약간은 '불안' 하고, 결핍이 있다는 것을 느껴야 신앙을 가질 수 있는데, 현대 한국 사회는 결핍의 사회가 아니라 풍요가 가져다주는 정신적 빈곤의 사회다. 하늘의 별이 떠 있는 우주보다는 스마트폰의 매력에 빠져 있으니 근시안적 생활에 익숙하다. 신학자 파울 틸리히(Paul Tillich)는 인간의 이성을 일반적인 이성과 초월적 이성(ecstasy reason)으로 보았다. 사람은 일반적인 이성을 가지고 살아가고 있는데 이것 외에 초월적 이성이 필요함을 역설했다. 초월적 이성이란 일반적인 이성을 가지고 있으면서 또한 그 일반적인 이성을 뛰어넘는 초월적 영역을 인정하는 것을 의미한다. 이렇게 될 때 균형 있는 인간이 될 수 있다. 즉, 현대인들은 보이는 것에 익숙하고 집착하면서도 초월성에 대하여 회피를 하고 무관심하다.

성스러움(聖)은 고대로부터 모든 인류의 우주적인 관심사였으며, 인류 문명을 일으킨 가장 궁극적 관심이었으며 문화 시작의 근거가 되는 것이다.[6] 왜냐하면 이 성스러움이라는 것은 고대인들에게는 실제적인 것이었으며 살아가는 의미를 부여해 주는 원천이 되었기 때문이다.[7] 그래서 고대인들은 성스러움을 찾으려고 노력했었고, 이 성스러움이 모든 것에 대한 근원이라고 생각했으며, 성스러움을 통한 의미를 가지고 있었으며, 보이는 현시적인 것을 넘어서 초월적인 세상이 있다는 확신을 하였다. 이러한 맥락에서 고대인들은 지구의 중심(axis mundi), 거주지의 중심을 찾으려고 노력했다. 지구의 중심과 자신들이 거주하는 곳의 중심을 찾는다는 것은 바로 그 자리가 초월적 대상이 있는 자리라는 것을 확인하고 그것을 통해 삶의 여러 가지 활력적인 요소들을 가지게 한다. 그러나 고대인들의 이러한 성스러움과의 만남을 통해 삶의 의미와 정체성을 규정해 나간 반면 현대인들은 문명이 가져다주는 이익으로 인해 서서히 성스러움에 대한 관심으로부터 멀어져 가고 있으며, 성스러움에 대한 관심은 인간의 심연에 깊이 가라앉게 되었다.[8]

성스러움의 상실은 다음 비유와 같다. 온천을 개발하여 유명세를 떨치는 한 도시는 관광 인구의 급증으로 인해 건물을 증축하고, 위락시설을 추가로 설치하여 경제적으로 윤택하게 살아갈 수 있는 대도시로 성장하게 되었다. 그러나 처음 온천수가 발견된 후 시간이 지나면서 온천수가 그 도시의 지하 중심부에 흐르고 있음에도 불구하고 현재 후손들은 어떻게 자신들의 도시가 이렇게 대도시로 발돋움할 수 있었는가에 대한 명확한 인식을 가지고 있지 않는 것이다. 인간 역사의 핵심에는 이 성스러움이 문명과 인간의 뿌리임에도 불구하고 현대인들은 이러한 의식 없이 현대 문명이 가져다 준 혜택을 더 선호하고 초월성과 그 근원에 대한 사고 없이 살아가고 있다.

'나만을 위한 세대' 와 '즉각적인 만족'

우리가 앞서 지적한 현대사회의 특징과 거기에서 발생하는 부정적인 현상들은 그 사회 속에 살고 있는 개인과 가정에 지속적으로 영향을 미치고 있다. 어떻게 이러한 현상들이 개인과 가정에 영향을 주고 있을까?

핵가족화는 현대 가정의 특징 중 하나다. 도시화되어 가면서 핵가족화되어 자유와 책임성의 불균형 현상이 나타난다. 대가족이라는 조직 안에서는 자유보다는 책임성이 강조된 반면 핵가족은 개인의 자유함이 강조되기 때문에 개인들의 정체성이 바로 정립되지 않은 상태에서는 사소한 감정으로 인해서 깨어지기 쉬운 구조다.

개인과 가정의 성숙은 자유함에 대한 강조보다는 책임감을 우선으로 하는 가치관을 가지게 될 때 바람직한 구조가 될 수 있다. 책임감이 따르지 않는 개인과 가정은 자유함을 보장하는 것 같지만 늘 패배적인 결과를 양산하게 된다. 책임감이란 개인이 추구하는 이익을 좀 더 연장시켜서 나중에 추구할 수 있도록 하는 자세다.[9] 즉, 자신의 자유와 만족을 연기할 수 있는 훈련만이 진정한 개인의 행복을 지켜 준다.

현대인들이 가지는 두 가지의 특성은 '나만을 위한 세대(me-generation)' 와 '즉각적 만족(immediate gratification)' 을 추구하는 세대로 가고 있다는 점이다. 대가족제도하에서는 나라는 존재보다는 가족을 전체의 관점에서 자신의 정체성을 정립했지만 핵가족화되면서 중심은 나다. 그래서 가족 안에서도 내가 중심이 되지 않거나, 나에게 유익이 되지 않으면 불만족하게 된다. 동시에 핵가족화와 기계 문명이 허락한 빠른 속성들은 현대인들이 가족구성원에게 즉각적인 만족을 기대하는 습관을 가지게 한다.

방송 연예인들은 흔히 TV 카메라에 잡힐 때 30초 안에 자신의 생명이 달려 있다고 말한다. 카메라가 30초 동안 자신을 비출 때 온갖 재능을 다 발휘하여야 또다시 TV 방송매체를 통해 관심을 끌 수 있다는 뜻이다. 빠른 컴퓨터, 이동통신, 인스턴트 식품 등은 생활의 편리함을 제공해 주지만 동시에 이러한 빠름을 대인관계에서, 가족들에게 기대한다. 그러나 사람은 기계와 같은 획일적인 결과를 제공할 수 없다. 심지어 가정의 구성원들에게조차도 이러한 결과를 기대할 수 없고 또 그렇게 해 줄 수도 없다. 사람은 기계가 아닌 정서적인 피조물이기에 그렇다.

이러한 기대를 가족 간에 하거나 대인관계에 적용한다면 사람들은 늘 패배감을 느낄 것이다. 그리고 이러한 패배감을 느끼면 가정에 대한 기대는 조금씩 실망감으로 다가온다. 그러나 사람과 사람의 관계는 빠름이나 즉각적인 만족 그리고 나만을 위한 생각으로 이루어질 수가 없다. 가정과 사람은 구성원들이 사랑과 인내를 가짐으로써 그리고 기다림으로써 그 완숙도를 점차적으로 체험할 수 있는 것이다.

열아홉 살에 입학하는 대학이 마치 앞으로 남은 인생을 모두 좌우하는 것처럼 사회와 가정의 분위기가 흘러가는 것은 우리 사회가 한 개인의 완성을 너무 성급하게 마무리하려는 풍조를 가진 것으로 볼 수 있다. 대양은 물의 흐름을 표면에는 알 수 없지만 그 기저에 서두르지 않는 묵묵하고 일정한 흐름이 있다.

가정에 대한 기독교적 대안

현대사회의 구조가 급변하고, 그 안에 있는 가정의 변화가 급물살을 타고 있는 상황에서 어떻게 바른 가정의 모습과 개인의 정체성을 가질 수 있을까? 기독교에서 정의하는 가정은 이 땅위에 새로운 하나님 나라로서의 대리자다.[10] 즉, 하나님 나라를 이상적인 나라로 고대하고 생각하는 것과 같이 가정은 이러한 하나님 나라의 모형을 구성원들이 만들어 나가는 것이다. 그러나 앞서 현대사회의 특성에서 언급한 바와 같이 우리는 급변하는 사회구조 속에서 가정과 그 구성원들이 가정해체에 대한 위협을 받고 있다.

가정은 세계를 축소한 하나의 소우주다.[11] 가정의 해체는 인류전체의 해체이기도 하다. 결국 이러한 위협적인 요소는 공동체에 방해와 위협이 되며 하나님의 의도에 방해가 되고 더 나아가 개인의 복지를 파괴하는 요인이 된다.[12]

미국에서 사회적으로 성공한 CEO의 80%가 가정의 중요성을 강조했으며 자신들은 이러한 가정의 화목에 기반하여 사회적인 성공을 거두었음을 고백했다. 사람은 가정에서 가족 간에 바람직한 관계를 통해서 사회구성원으로서의 역할을 할 수 있다. 건강한 가정은 사회적으로 건강한 인간을 탄생시킬 수 있다. 즉, 가정의 정서적인 분위기는 사회의 분위기를 망가트릴 수도 있으며, 교회의 분위기도 그렇게 할 수 있다.[13] 반대로 바람직한 정서적 분위기는 사회 및 교회를 더 바른 방향으로 이끌 수 있을 것이며, 가정의 변화는 세상을

변화시키는 일이 될 것이다.[14]

가정을 떠나, 부모의 관계, 부부의 관계, 그리고 부모와 자녀와 관계를 상실한 채 사회적 성공을 거두려는 노력들은 허상을 추구하는 결과를 가진다. 그러나 현대사회와 현대인들은 가정이 삶과 생활의 핵심이 되기보다는 부수적인 여건, 필수적 항목이 아닌 개인의 편의에 의해 집어넣거나 뺄 수도 있는 것이라는 생각을 하기 쉽다. 사람은 자신의 가정을 통해서 기쁨과 가능성을 경험한다. 그러므로 사회 안에서 장기적인 성공과 보람을 가지기 위해서는 가정의 결속과 회복이 요구된다. 그러면 이러한 가정은 어떠한 근거 위에서 결속이 되어야 할까?

가정은 교회보다, 그 어떤 기관보다 앞서 존재하는 인류 최초의 조직이다. 성서는 남녀가 가정의 기초인 부부를 이루도록 하신 분이 하나님이라고 증언한다. 그러기에 인류는 생존하는 한 결혼과 가정이라는 제도를 가지고 살아갈 것이고 그에 따라 가정은 혈족관계 이상의 것을 의미하고, 가정은 조건 없이 사랑을 받는 삶의 터전이며, 우리가 부자격자임에도 불구하고 사랑을 기대할 수 있는 곳이 되어야 한다.[15] 이를 위해서 하나님은 이 가정을 통하여 개인과 가족구성원들이 역사 안에 응답하면서 살도록 하는 계약적인 관계로 설정하였다.

조건 없는 사랑을 받을 수 있는 곳이 되고, 꿈과 가능성을 가지기 위해서, 또 성공의 초석이 되기 위해서 가정은 가족구성원 간에 서로 네 가지에 해당하는 책임감과 자유가 보장되도록 노력하는 공동체가 되어야 한다. 첫째는 계약(covenant)이다. 계약이란 가족들이 서로 사랑하는 곳이어야 하며 동시에 사랑을 받는 곳이야 한다는 의미다. 이 계약이 원만하게 진행되지 않으면 가족구성원들은 서로에게 지나치게 사랑받기만을 요구하거나 사랑을 해야 하는 책임감에 놓이게 된다. 둘째는 은혜(grace)다. 은혜란 관계성의 단어로서 가족관계는 명령과 같은 법적인 굴레 속에 예속되는 것이 아니라 용서를 하고(to forgive) 용서를 받는(to be forgiven) 공동체가 되어야 한다. 이 은혜가 부재시 법적으로 시시비비를 가리는 것과 같은 분위기가 가정에 형성된다. 법과 같은 명령은 가정에 있어서 나쁜 것은 아니나 가족구성원 모두가 완벽한 개인이 아닌 것을 주지할 필요가 있다. 그러므로 은총 가운데 있는 가족은 법이라는 것을 관계성 안에서 책임감으로 생각한다.[16] 셋째는 힘(power)을 가지는 곳이다. 이 힘이란 서로를 대접(to serve)하고 대접을 받는(to be served) 곳이어야 한다는 것이다. 이 힘은 가족구성원들의 잠재력을 불러일으키고 그들의 강점을 돕는다. 그러나 관계성을 떠나 힘을 가지게 된다면 가정이 자신의 힘을 행사하는 장소로 변하게 된다. 넷째는 친밀감이다. 친밀감이란 가족구성원들에게 자신의 상황이 알려지는 것이며(to be known) 구성원들의 사정을 아는 곳(to know)임을 말한다. 이 친밀감이 가정에서 상실되면 구성원들은 가정 안에서 오히려 소외감(isolation)을 느끼며 다른 구성원들과 멀어지기 시작한다.

이 네 가지 요소가 하나님이 구성한 가정이라는 공동체 안에서 가족구성원들 간에 역동적으로 있어야 바람직한 정서적인 구조가 성립된다. 이 네 가지가 상생할 때 가정은 상상과 가능성의 요람이 될 수 있다. 그리고 이것이 성서에서 의미하는 기독교적 가정의 틀이다. 이러한 네 가지 틀은 현대사회에서 급변하는 후기산업문화로 인한 초월성 상실로 잃어가는 개인 및 가정의 정체성을 다시 한 번 경각심 있게 접근할 수 있게 해 준다. 고도의 세속화 속에 잊혀지는 성스러움은 무의미한 시대에 개인 및 가정의 정체성을 다시 한 번 점검해 볼 수 있는 기회가 된다. 또한 현대인들에게 하나님이 만드신 가정의 의미는 자유만이 아닌 책임을 지는 개인으로서 가족구성원이 될 때 자유와 만족을 가질 수 있음을 말한다. 이러한 네 가지 요소에 대해 분명한 일관성을 가지는 가족구성원들의 삶의 태도는 가정을 어떠한 외부적 위험 요소로부터이든 보호하고 성숙시킬 수 있을 것이다.

가정의 회복과 기독교 신앙

현대사회 대다수 개인의 문제는 성장 과정에서 겪은 부모와의 관계가 그 원인이다. 뉴스에 등장하는 끔직한 일들 가운데는 헤어지자는 연인의 말에 분노 조절이 되지 않아 살인이나 방화를 일으키는 경우도 있고, 그토록 사랑해서 결혼한 배우자에게 결혼 기간 내내 구타와 폭력으로 일관하는 사람도 있다. 이러한 문제들의 배후에는 성장 과정에서 경험한 부모와의 관계가 있다. 심리학자들은 이것을 '애착(attachment)' 의 문제라고 말하고 있다.

앞서 살핀 바와 같이 인간의 출생은 '불안' 에서 시작하기에 이 불안을 잠재워 주고 희망이 있다는 사실을 알려 줄 수 있는 이들은 결국 부모다. 문제는 자녀들을 양육하는 가정의 주체와 터전이 되는 부모들이 자녀들을 더 불안하게 만드는 경우다. 그리고 이러한 환경에서 자란 아이들은 불안한 정서가 집착으로 변할 가능성이 많고, 대인관계와 사회생활에서 어려움을 겪는 경우가 많다.

개인의 문제나 가정의 문제는 대부분은 그 가정의 구성원들 중 부모들이 감정의 일관성을 가지고 있지 못해서 발생한다. 인간은 모든 포유류 가운데 가장 긴 양육 기간을 필요로 한다. 하나님 창조사역의 정점인 인간인데 왜 이리 오랜 기간 동안 양육을 받아야만 할까. 그 중요한 이유 중에는 이 양육 기간을 통해 인내와 절제를 배우고 그것을 기반으로 사회성을 가지도록 하는 것도 있을 것이다. 그런데 이런 인내심은 특별히 양육의 책임을 맡고 있는 부모들이 일관성 있는 모습을 보여 주지 못하면 자녀들이 배울 기회가 없다. 자녀들에게 부모의 변덕스러운 감정이 그대로 드러나기 때문에 자녀들은 부모들을 통해서 불안한 감정에 익숙해지게 된다. 그리고 그것이 고착되어 자녀들도 자신들의 감정을 조절하지 못하는 사람이 되는 것이다.

사랑하는 남녀가 가정을 이루지만 어떤 경우에는 그 사랑의 결실인 가정이 상처를 가장 많이 주는 지옥이 될 수도 있고, 가정이 지상의 낙원이 될 수도 있다. 필자가 상담을 하면서 만난 사람들에게는 공통점이 있었다. 부모님의 다정하고 화목한 모습을 보면서 성장한 자녀들은 하나같이 결혼을 일찍 하고 싶다는 소망을 가지고 있는 반면, 부모님의 불화를 보며 성장한 자녀들은 결혼을 포기하거나 매우 조심스럽게 접근한다. 그들에게 비친 부모의 결혼생활이 너무나 불행하고 좋게 느껴지지 않았기에 자신도 그렇게 될 것 같아 불안하기 때문이다.

부모들이 화목하고, 마치 연애하듯이 결혼생활을 하고 있으면 이것을 자녀들이 친근한 구조로 자연스럽게 수용한다. 화목하지 않았다면 그 환경을 자신에게 친근한 구조로 받아들인다. 그리고 이 친밀함이 일종의 인생관이 되는 것이다. 화목한 가정은 하나님에 대한 신앙도 평안하지만, 불화가 있는 가정의 하나님은 징벌적인 하나님으로 투사된다. 필자가 상담한 내담자는 어린 시절 부모의 관계가 소원했고, 자신은 어른들의 기준에 늘 못 미치는 사람이었다고 했다. 이 사람은 이런 비교하는 환경에서 늘 소외되었고, 기대치에 못 미치는 사람이었다. 그게 불안의 구조가 되어 신앙도 이 불안을 날려버릴 수 있는 극단적인 신앙을 선택했다. 말세와 종말론 그리고 재림에 대해 크게 강조하는 교회를 선택하여 신앙생활을 한 것이다.

가출하여 비슷한 처지의 청소년끼리 어울려 사는 청소년들을 '가출 팸' 이라고 하는데, 우리나라에 20만 명이 있다고 한다. 통계에 잡히지 않는 청소년들을 포함한다면 훨씬 많은 숫자일 것이다. 가출의 중요한 이유는 그들이 속해 있는 가정에 '불안' 이 너무 심하기 때문이다. 인간에게 가정은 가장 친숙하고 중요한 곳이다. 어디를 가든 그곳을 동경하고, 돌아가고 싶고, 쉬고 싶어 해야 하는 자리다. 그런데 이런 가정을 떠난다는 것은 그곳이 가진 불안이 자들을 머무를 수 없도록 만들기 때문이다.

불가피한 상황이지만, 성장 과정에서 정도에 넘는 불안구조는 그 자녀들의 삶에 친밀하게 되었기에 그런 가정 출신의 자녀는 이 익숙한 구조로 들어가게 된다. 그 구조가 좋거나 나쁘거나 하는 것이 문제가 아니다. 모든 것은 익숙하기 때문에 나쁜 것이라도 되풀이하게 된다. 가정 환경의 중요성은 아무리 강조해도 지나치지 않다.

과도한 불안은 자연스럽게 우리가 과도한 집착과 간섭을 하도록 만든다. 고아 출신으로 가정을 꾸린 한 내담자가 있었는데, 그의 간섭과 집착은 결혼생활을 어렵게 만들고 말았다. 이 와중에 신앙을 접하게 되었는데 스스로 자신의 문제를 풀려고 10년의 교회생활을 하면서 교회에만 매달렸다. 그 사람의 표현에 따르자면 이것은 불안에서 나온 집착적 신앙이었다. 건강한 신앙이 아니니 당연히 부부사이는 더 멀어졌다. 안타깝게도 교회 목사는 이렇게 헌신하는 그를 칭찬했다. 10년 신앙생활을 하면서 가정은 더 소원해졌고, 불안해졌다. 그 내담자는 그때 집착적으로 신앙생활을 하면서 가정을 소홀히 한 자신에게 목사님이 가정을 바르게 세우라는 말을 해 주었으면 얼마나 좋았을까 하고 아쉬워했다.

인간의 행복은 심적으로 안정된 '자리' 에서 오며 그 핵심 자리가 가정이다. 우리 사회가 다양화하면서 오는 외적 영향은 많지만 그럼에도 가장 근본적인 영향을 줄 수 있는 것은 가정이다. 성경에 항상 기뻐하라, 쉬지 말고 기도하라, 범사에 감사하라고 하신 것은 일관된 신앙생활의 중요성을 말씀하신 것이다. 완벽할 수는 없어도 일관성 있는 마음을 가지려고 노력하는 것이 매우 중요하다.

가정은 부모들을 통해서 아이들에게 부모가 가지는 '일관성' 있는 모습과 감정, 행동을 보여 주는 곳이어야 한다. 심리학자 존 볼비

(John Bowlby)에 의하면 자녀들의 성장에 가장 필요한 것은 부모들이 보여 주는 '일관성' 이다. 이것은 우리가 일반적으로 자녀양육에서 물질적 조건, 환경적인 조건이 중요하다고 생각하는 상식을 뒤집는 것이다.

집단주의 사회에 익숙하고, 가부장적 문화에 익숙한 남자들과 아버지들은 이 변화의 시대에 자신의 자리를 찾기 어려울 수 있다. 사회 환경과 시대적 문화 풍토가 개인 중심의 수평문화와 여성 중심의 문화로 정착되고 있기 때문이다. 그래서 이 시대의 사람들은 일상과 소소함의 중요성을 인식하고 있다. 남자, 부모, 그리고 기독교 신앙은 가정, 일상, 그리고 소소함을 중시하는 현 문화를 파악하여 가정의 회복과 교회와의 유기적 관계 개선을 위해 더 많은 관심을 기울여야 하는 때다.

수도사의 삶이라고 하면 수도원에서 평생을 사는 것으로도 인식할 수 있지만, 가정을 이루어 살아간다는 것은 그 어떤 수도원의 생활보다 외롭고 고독한 일일 수 있다고 필자는 생각한다. 수도원의 생활은 나 혼자만의 생활이 주가 되지만, 가정에서의 생활은 일상생활 가운데 가족들에게 내가 투명하게 모두 드러나는 장소다. 또한 이 가정을 형성하는 가족구성원을 누군가가 책임지지 않으면 모두가 흩어져 버리고 만다. 그래서 결혼을 하고 가정을 이루는 데 핑크빛 낭만도 기대할 수 있지만 본질적으로는 우리 스스로가 하나님 앞에서 일관성 있는 수도사로 살아가기로 결정한 것이다. 그리고 이 일관성을 가진 가정에서 소소한 일상의 행복과 즐거움이 나타날 것이다.

후 주

1 이 글은 기독교의 이해(계명대학교출판부, 2005)에 실린 필자의 글을 수정 · 보완한 것이다.

2 2003년 12월 19일자 〈동아일보〉 사회면 기사를 참조하기 바란다.

3 Dan P. McAdams, *The Person: An Introduction of Personality Psychology* (New York: Harcourt Brace College Publisher, 1994).

4 이 도시화에 대한 종교적인 설명은 하버드 대학교의 종교학 교수였던 Harvey Cox의 세속 도시(*The Secular City*)를 참고하기 바란다.

5 Mircea Eliade, The Sacred in the Secular World, *Cultural Hermeneutics* Vol. 2, David Rasmussen Ed. (Boston: D. Reidel Publishing Company, 1991), p. 101.

6 Mircea Eliade, *Waiting for the Down: Mircea Eliade in Perspective*, David Carrasco & Jane Marie Swanberg Ed. (Bounder & London: Westview Press, 1991), p. 41.

7 앞의 책, The Sacred in the Secular World, p. 101.

8 이 내용은 *Theology of Nostalgia: Reflections on the Theological Aspects of Eliadé s Work*를 참조하기 바란다.

9 Scott Peck. *The Roadless Traveled* (New York: Touchstone, 1995).

10 Howard Clinebell, *Growth Counseling for Marriage Enrichment* (Philadelphia: Fortress Press, 1975), p. 23.

11 Virginia Satir, 아름다운 가족(*The New People Making*), 나경범 역(서울: 창조문화, 1999), p. 1.

12 Donald Capps, *Deadly Sins and Saving Virtues* (Philadelphia: Fortress Press, 1987), p. 1.

13 Edwin Friedman, *Generation to Generation: Family Process in Church and Synagogue* (New York & London: The Guildford Presss, 1985), p. 7.

14 Virginia Satir, 앞의 책, p. 2.

15 Jack Balswick, *The Family* (Michigan: Baker, 1991), p. 33.

16 같은 책, pp. 22-27.

Chapter 14

나, 너 그리고 하나님[1]

우리는 태어나면서부터 소위 '무한경쟁' 시대에 살아가고 있다. 한국전쟁이 끝나고 폐허 위 맨땅에서 시작해 우리 사회는 지난 60년간 가정과 사회에서 부단하게 경쟁할 것을 재촉받으면서 살아가고 있다. 그 덕분인지 한국이 전쟁 이후 일군 외형적 발전은 세계 모든 나라가 기적이라고 할 만큼 놀라운 것이다.

경쟁의식, 일등을 해야 한다는 강박은 과거 수십 년간 교육정책을 비롯해 가정과 사회가 우리에게 부여해 준 것이며, 우리는 이러한 속에서 의식적으로 또는 무의식적으로 이를 수용하면서 살아가고 있다. 최고가 된다는 것, 동시에 자신의 분야에서 최선의 노력을 다해서 높은 업적을 갖는다는 것은 매우 바람직한 현상이다. 그러나 그동안의 획일적인 성공관이나 인간관은 다양성을 추구하고, 상생의 관계에서 성공을 추구하는 것이 바람직하다는 보편적인 우주적 법칙을 소홀히 하게 한다. 동시에 이러한 경쟁적인 구조는 현대인에게 '나'라는 존재의 극대화를 조장함으로써 두 가지 사실을 간과하게 하고 있다. 하나는 인간 사이의 관계성이고, 또 하나는 인간의 피조성이다.

인간은 관계성을 통해서 이 세상에 태어나고, 살아가고, 어느 시점에서는 이 세상을 떠나야 한다. 어느 누구도 이 법칙에서 예외적으로 산 사람은 없었고, 미래에도 없을 것이다. 이것은 인간의 운명(destiny)이다. 그러나 너무 경쟁적이고 치열한 삶의 현장이 인간이 가진 피조성을 좀처럼 생각하기 어렵게 하고, 인간관계성이 간과되어 가는 시대에 살아가게 하고 있다.

로마의 한 대학교 법대 건물에 있는 식당 입구에는 다음과 같은 문구가 새겨져 있다고 한다. "그리고 그 이후는 영생(eternal life)입니다." 아주 오래 전 유서 깊은 한 대학의 졸업식에서 한 신부님이 졸업생과 만나면서 다음과 같은 질문을 했다고 한다. "졸업한 후의 계획은 무엇입니까?" 이 졸업생은 법대를 졸업한 후 좋은 직장을 얻는 것이 일차적 목표라고 했다. 신부님은 직업을 얻은 후에는 무엇을 하려고 하는지 다시 물었다. 청년은 역시 돈을 많이 벌고 자신이 좋아하는 여성과 결혼을 하고 싶다고 했다. 계속해서 결혼 후의 목표에 대하여 질문이 던져졌다. 졸업생은 결혼 후 목표는 마음에 드는 집을 사는 것이라고 답했고, 이어서 신부님의 질문은 집을 산 후의 목표에 대한 것이었다. 청년은 행복한 결혼생활을 하면서 자녀를 낳고 행복하게 사는 것이라고 했다. 신부님은 이어서 그 이후에는 무엇이 목적인지 물었다. 청년은 다시 은퇴를 하고, 은퇴 후 여행을 하고 싶다고 했다. 다시 그 이후의 목표에 대하여 묻자, 청년은 자신이 늙고, 병들어 갈 것이라고 말하였지만 그 이후의 결과, 즉 죽음에 대하여는 선뜻 답을 하지 못했다. 왜냐하면 그것은 자기 인생의 당연한 마지막임을 알지만 상상이나 생각조차 하기 싫은 것이기 때문이다. 그러자 그 신부님은 "그리고 그 이후는 영생입니다."라고 말해 주었다. 이 대화는 그에게 인생에 대한 생각을 다시 하게 하고, 인간에게 죽음과 죽음 이후의 세계에 대하여 깨우침을 받게 되었다. 그는 사회생활을 하면서 모은 돈을 법대에 기부하여 식당을 건축하는 데 도움을 주었고, 그 건물 입구에 대화의 마지막 부분을 적어 놓은 것이다. "그리고 그 이후는 영생입니다."

경쟁적이고 성취지향적인 사회구조 속에 사는 현대인들, 특히 인생에서 가장 활력이 넘치는 신체를 가진 젊은이들에게는 죽음과 영생이라는 개념들이 쉽사리 다가오지 않을 것이다. 그러나 인생은 계절과 같은 것이어서 늘 봄과 여름만 있는 것이 아니다. 봄과 여름 이후에는 서늘한 가을과 찬 겨울이 있듯이 삶에는 노화와 이에 따른 죽음이 기다리고 있다.

우리는 또 다른 관점에서 이 경쟁적 세상에서 상실하는 것이 있다. 다음의 글이 그것이 무엇인지 이해하는 데 도움을 준다.

> 배들이 난파되는 경우가 많이 발생하는 위험한 해안선에는 사람들의 목숨을 구할 수 있는 작은 장소가 하나 있었다. 이 건물은 조촐한 오두막이었고, 여기에는 작은 배 하나만 있었다. 그러나 몇 명의 헌신적인 회원들은 지속적으로 자신들의 사적

> 인 시간을 희생하며 밤낮으로 지칠 줄 모르고 바다를 살펴 실종된 사람들을 구조했다. 수많은 사람들이 이 작은 오두막을 통해서 생명을 건졌고 곧 유명한 장소가 되었다. 이 장소 주변의 다양한 사람들과 생명을 다시 찾은 사람들 중 어떤 이들은 이 장소를 돕기 위해 자신들의 시간, 물질과 노력을 제공했다. 그래서 인명구조를 위해 새로운 배를 구입했고, 새로운 선원들이 훈련을 받았다. 사람들을 구조하는 이 작은 장소는 계속 성장하였다. …… 세월이 지나면서 새로이 단장된 이 장소는 과거에 발생했던 것과 같은 경험을 하였다. 결국 이곳은 사교클럽(club)으로 변하였고, 다른 구조 장소가 마련되었다. 역사는 이렇게 반복되었다. 오늘날 우리가 해안선을 방문하면, 해변을 따라 즐비하게 서있는 전문적인 클럽들을 볼 수 있을 것이다. 여전히 이 해변을 따라 자주 배가 난파하지만 물에 빠진 대부분의 사람은 익사하고 만다.[2]

이 글이 시사하는 바는 사회 환경의 변화가 미치는 영향을 보여준다. 첫째, 가난한 시절 사람들은 열악한 환경을 가지고 있음에도 불구하고 인간애를 가지고 곤경에 처한 사람들을 구하는 자세로 살았다. 환경이 열악하지만 사람이 사람을 도우면서 살아가는 원리는 인간에게 있어 가장 깊은 내면세계에 희열과 긍지성을 가지게 할 수 있는 요소다. 둘째, 생활 형편이 점점 개선되면서 생명을 구하는 역할이 부수적이고 피상적으로 되어 가고, 비본질적인 사교클럽이 본질로 자리매김을 하게 되어, 생명을 구하는 일이 망각되고,

바다에서 사람들이 익사를 해도 도움을 받지 못하게 되었다는 것이다.

신부님과 졸업생의 대화에서 성취지향적인 인간이 가지는 인생의 한계성에 대하여, 인간 죽음 이후의 세계에 대한 것을 보았고, 등대의 비유를 통해서는 현대인들이 누리는 문명의 혜택과 이기로 인해 인간애의 상실과, 비본질적인 놀이가 인간생활에서 핵심이 되고 있는 것을 보았다. 그러면 이 두 가지의 문제에 대하여 좀 더 구체적으로 살펴보도록 하자.

관계성과 하나님

사람은 태어나면서부터 본격적인 관계성 안에서 생활하며 '자기(self)' 의 정체성을 오랜 세월에 거쳐 정립해 나간다. 사람이 이렇게 하는 것은 인간은 혼자 이 세상을 살아갈 수 없기 때문이다. 수많은 다양한 포유류 중에서도 인간은 독립적으로 생존하기 위해 양육자의 도움을 받아야 하는 기간이 가장 길다. 인간은 주된 양육자로부터 돌봄을 제공받지 못하면 적응하기가 어렵다.

심리학자 오토 랭크(Otto Rank)는 인간이 태어나면서 우는 이유는 모태의 환경과 태어나면서 처음 접하는 환경이 너무나 큰 차이가 나서 그로 인한 공포와 불안 때문이라고 했다. 이 두려움과 불안이 가중되면 마치 성인에게 있어서 죽음과 같은 두려움이 엄습 하는 것이다. 이때 이러한 불안을 진정시키고 현실이 안전하고, 수용할 수 있고, 살아갈 만한 곳이라는 것을 형성시켜 주는 것이 부모와의 긍정적인 관계성이다. 결국 인간은 관용적이고 사랑을 제공하는 관계성을 통해서 이 세상을 살아갈 수 있다는 저변의 심리적 기초를 구성하고, 이 기초를 중심으로 건강한 자아상을 형성해 나가며, 고통에 대한 직면과 미래에 대한 희망의 닻을 던지는 것이다.

철학자 마르틴 하이데거(Martin Heidegger)는 인간은 우주에 던져진 존재라고 했다. 왜 이 세상에 태어났는지 그 이유를 모르고 세상에 왔으며, 모든 것이 자신의 선택에서 오기보다는 자신의 선택 전에 선천적으로 결정된 것이라는 점에서 인생에 대하여 염세적 시각을 가지고 있다. 그러나 이러한 비관주의적 인간관은 결국 긍정적인 관계성을 통해서 불안으로부터 안전성을 확보하게 되고, 안전을 기반으로 희망을 가지고, 미래에 대한 꿈과 도전을 가질 수 있다. 이러한 점에서 사람과 사람과의 긍정적인 관계성은 인생이라는 과제를 풀어나가는 데 있어 매우 핵심적인 역할을 하게 된다.

그러나 우리가 살아가는 세상에 늘 이러한 긍정적인 인간관계만 있으면 좋겠지만, 살아간다는 것은 늘 이러한 것만 준비되어 있지 않다. 실존철학자 마르틴 부버(Martin Buber)는 인간을 대표적으로 두 부류의 인간으로 구분을 했다. 첫째는 '나' 중심의 인간이고, 둘째는 '나-너'의 관계성을 중심으로 살아가는 인간이다.

'나' 중심의 인간관계

'나' 중심의 인간은 경쟁과 성취 중심 사회에서 나타난 전형적인 인간형이다. 부버가 지적하는 '나' 중심의 인간은 인생을 전후반으로 나눈다면 인생의 전반은 모든 일이 잘되는 과정에 있는 사람이다. 이 사람은 성취와 성공이 인생에서 가장 중심되고, 살아가는 인생의 목적이다. 그러나 인생의 전반이 성취로 인해 그럴듯할 수는 있지만 인생의 후반은 매우 황폐하기 마련이다. 부버는 인간이 살아가는 것이 반드시 성취에 의해서 좌우되는 것이 아니고, 또 다른 어떤 대칭된 축이 있어야 이 땅에서 살아가는 의미를 가질 수 있다고 보았다.

성취중심의 인간은 현대를 살아가는 사람들이 가지는 보편적인 가치관이다. 올림픽의 기치가 '더 빨리, 더 높이, 더 멀리' 이듯이 현대인들은 이러한 가치관을 자신의 인생관 목표로 하기도 하고, 이러한 성공관을 심어 주는 사회구조에 부응하여 적응자로 살아가기 위해서 오늘 하루도 살아가고 있는 것이다. 이러한 관점에서 심리학자 에릭 에릭슨(Erik Erikson)은 다음과 같은 말을 한다.

> 우리는 사회질서가 유아에게 생존을 보장해 주고 특정한 방법으로 그들의 욕구를 조정해 줌으로써 사회의 문화적 양식을 가르친다는 점을 명확히 하고 싶다. …… 우리는 사회적인 형식과 규범이 가족의 형태를 결정하는 요인이라는 점을 연구하여야 한다.[3]

역사를 거치면서 인간은 자연환경에서 외부로부터의 위협과 침입에 대한 보호를 위해 산업사회로 들어왔다. 자본주의가 민주주의의 틀이 되어 가는 경쟁적인 세상에서 개인들은 태어나면서부터 그 사회가 요구하는 다양한 방식의 경쟁체제에 익숙하게 길들어져 그 경쟁적인 방식을 체질화하여 살아가고, 그 요구에 적응하면서 사회는 그에게 인정과 자격을 부여해 주고 개인이 그 사회의 형식과 규범을 수용하도록 한다.

부버는 그러나 '나' 중심의 인간관계를 형성해 가면서 살아가는 사람들의 특징을 이야기한다. 대표적인 것이 수직적이고 일방적인 인간관계를 형성하고 있다는 점이다. 수직적이고 일방적이라는 것은 모든 중심에 자기가 있고, 대표적인 이기성을 가지고 있다는 의미다. 타인은 자신을 위해 존재하는 것이기에 타인은 항상 자신에게 있어서 부속품과 같은 존재이고, 나의 만족을 채우기 위해서 사용하는 물건에 지나지 않는다. 인격의 개념이 아니라 물건의 개념을 가졌기에 내 마음대로 좌지우지할 수 있는 대상이 되는 것이다

'나' 중심 인간이 추구하는 삶의 방식은 성공과 성취이며 이것이 존재의 이유다. 그러나 이 성취와 성공만을 위한 방식으로 인해 인간 간에 수많은 불협화음을 자아내고, 가정을 비롯하여 사회에서 수직적이고 독단적인 방법으로 인해 사람들이 상처를 받는다. 성취와 성공의 대가로 가지는 물질은 삶의 환희이고, 존재 이유의 극한점을 친다. 그러기에 자연에 스며들어 있는 생명과 자연성의 신비에 무지하고, 관심을 두지 않는다.

'나' 중심 인간은 상대방이나 외부의 이야기를 경청하지 않고 자

신의 방법과 고집을 관철하는 데 가장 관심이 많다. 그래서 마치 대화하는 것 같지만, 타인을 자신의 논리와 관점에 들어오도록 인식시키는 사람이기에 타인의 이야기를 경청하지 않는다. 타인을 배려하고, 공동체의 목소리를 듣고, 자신이 속해있는 사회와 더 나아가 인류가 직면해 있는 문제에 대하여 경청하는 것은 곧 우주의 목소리를 듣는 것이다(ones' story + other's story = Master's Story). 결국 자신의 것에 익숙한 사람들이 추구하는 방식은 외적인 것(appearance)이다. 인간 내면의 세계나 자연의 신비와 경외에 대한 것보다는 물건을 사고팔고 소유하는 데 결정적인 역할을 하는 물질에 집착한다. 물질이 인간의 전반을 점유하였을 때 발생하는 외적인 관심에 대한 것은 특별히 수직적이고 일방적인 관계를 추구하는 사회에 나타날 확률이 높다.

지나친 외관에 대한 관심이나, 외적인 조건들을 인간이 살아가는 데 절대적인 것으로만 생각하는 사회 속의 개인은 이러한 사회적 환경의 자양분에 길들여져서 이 방식의 인간 유형을 따르게 된다. 인간은 다양하게 태어난다. 피부, 생김새와 키에 이르기까지 다양한 인간들이 이 지구촌의 구성원으로 역할하고 있다. 그러나 이러한 다양한 인간은 내면세계의 가치에 근거를 둠으로써 더 바람직한 인간관계를 형성해 나가야 함에도 불구하고 '나' 중심의 인간은 결국 외적인 조건에 자신이 존재하는 이유를 둔다.

외관이나 외적인 조건에 대한 관심이 나쁘다는 것이 아니다. 그러나 균형을 상실한 채 일방적인 외적인 조건에 집착하는 것은 항상 병리적인 문제를 가져온다. 우리 사회가 외적인 가치에 지나칠 정도로 집착하는 것은 인간관계가 상관적 관계이기 보다는 일방적이고 수직적인 관계임을 보여 준다. 외모나 외적인 조건이 전혀 상관없다는 말이 아니다. 다만 이것에만 집중하면 사람은 균형을 잃어버리고 사는 것이기에, 그 대가를 언젠가 받게 되리라는 것이다. 결혼을 외모나, 조건을 보고 하는 사람들은 배우자의 인간성이나 내면세계를 간과하고 조건만 본 것이기에 언젠가는 여기에 따른 대가를 지불해야 한다. 나이 70대 후반에 말기 암 판정을 받은 지역 유지인 노인이 있었다. 이 사람에게는 세 명의 딸이 있었는데 첫째와 둘째는 아버지의 조언에 따라 외적인 조건을 보고 결혼했다. 그러나 막내딸은 아버지의 의견과 달리 내적인 조건을 보고 결혼을 했다. 결혼 후 명절 때 인사를 올 때마다 막내딸 내외는 늘 아버지로부터 핀잔을 들었다. 이들이 주로 사회에 대한 봉사를 하며 사느라 경제적으로 형편이 좋지 않았기 때문이다. 그때마다 딸 내외는 아버지에게 자신들이 원하고, 지금도 이 일을 하고 있음에 긍지를 느낀다고 말하곤 했다. 그런데 아버지가 말기 암 판정을 받고 3개월 시한부 인생을 살게 되었다. 그가 병상에서 임종을 기다리며 자신의 인생을 회고하면서 내린 결론은 성취와 성공 위주로 살아온 자신의 인생이 바람직하지 않았다는 것이다. 부버의 말처럼 이 사람은 장밋빛 같은 인생의 전반을 보냈지만, 인생의 후반과 죽음의 앞에 밝혀진 자신의 인생의 결론은 허탈한 것이이다. 새가 죽을 때 부르는 노래가 가장 구슬프고, 인간이 죽음 앞에서 하는 말이 가장 진실하다는 말이 있듯이 우리 인생의 마지막에서 우리는 어떤 말을 해야 할지 고민하며 인생을 살아야 한다.

'나' 만이 중심이 되고, 성공과 성취 그리고 그 대가로 받게 되는 물질만이 존재의 이유가 되는 경우는 더 빠져나올 수 없는 늪에 빠지게 된다. 인간은 결코 이러한 조건만으로 살아가는 것이 아니다. 인간에게 가장 중요한 '행복' 은 외적인 조건에 의해서 형성되는 것이 아니다. 빈민국 중에서도 열악한 방글라데시는 삶의 만족도인 행복 지수가 세계에서 가장 높은 나라 중 하나다. 이것만 보더라는 삶의 행복이라는 것은 결코 물질만으로 되는 것이 아니다. 그래서 성공과 재물을 존재 이유와 가치 척도로 여기는 경우는 연속적으로 더 많은 것, 더 높은 것, 더 멀리 갈 수 있는 것을 습관적으로 가지려고 한다. 왜냐하면 성공과 돈만이 인간에게 행복을 가져다 줄 수 있다고 생각하기에 하나를 가진 후에는 두 개를 가지려 하고, 점점 더 많은 것을 가지려 한다. 결국 기갈을 채울 수 없는 조건에 목을 매며 살아가면서 그것을 추구한다. 만족할 수 없는 조건들을 이상화시키는 것이 더는 욕구를 채울 수 없다는 것을 깨달은 다음에는 현대인들은 허무를 달래기 위해 자신을 파괴하는 행동에 뛰어들 수도 있다.

> 현대인들이 술, 마약, 음식, 섹스, 일, 스포츠, 유흥, 지적 활동을 그 범위 내에서 허락하는 즐거움으로 하지 않고, 자신들의 감각을 둔화시키려는 목적으로 의지하는 것은 자신이 가진 불안(anxiety)으로부터 도피하려는 것이다.[4]

외적인 조건으로부터 안식을 얻고, 평안과 존재의 이유를 찾으려는 것이 무위와 한계성에 직면한다는 것을 아는 현대인들이 추구하는 것은 대개 술, 마약, 섹스, 일, 스포츠, 유흥 및 지적 활동이다. 인용한 글의 저자 맥켈로리는 사람들이 이러한 것들에 깊게 빠져 들어 더 깊은 평형성과 균형성을 상실한다고 말한다. 성취나 성공,물질이 필요 없다는 것은 아니지만 너무 많은 에너지를 쏟아 부어버리면 우리는 언젠가 인생의 허망함에 빠져 들고 또 다른 탈출구를 찾으려 할지도 모른다.

사회심리학자 에리히 프롬(Erich Fromm)도 이와 유사한 결론을 말하고 있다. 자기중심성이 강한 현대인들이 주의하면서 살아가야 할 다섯 가지 사항은 다음과 같다. 가학성 음란증(Sadism),[5] 피가학성 음란증(Masochism),[6] 파괴성, 독재주의, 대중일치(automation conformity)[7]다. 프롬의 지적도 인간이 궁극적인 자유함을 상실하게 되어 자신을 얽어매는 곳에 오히려 종속되는 현대인들을 비판하는 것이다.

'나-너' 중심의 인간관계

인간은 관계를 통해서 태어나고, 인격적인 성숙과 미래의 희망도 가질 수 있다. 부버는 모든 사람에게 가장 바람직한 관계가 바로 이 '나-너'의 관계라고 말한다. 이 관계를 지향하는 사람들은 상호보완적인 관계에서 살아가는 사람이다. 결코 일방적이거나 독선적이지 않다. 어떤 긍정적인 결과와 소득이 있더라도 그것이 자신으로 인해서만 발생했다는 독단적인 생각을 하지 않는다. 오히려 이것은 함께 한 구성원들의 노력과 협조에 의해서 발생한 소득물이라고 생각한다. 그러기에 나보다 앞서 공동체와 구성원을 생각한다.

이들이 추구하는 삶의 방식은 양방향적이며, 항상 타인을 향하여 대화의 채널을 열어 놓는다. 가족이나 주변의 사람들과 이야기함에 있어서 자신의 의견을 그들에게 인식시키는 것을 목적으로 삼지 않는다. 다만 상대방이 가진 의견과 관점에 대하여 경청하는 태도를 가짐으로써 '주인의 이야기' 를 완성시키고자 한다. 동시에 상대방이 가진 개성이나 독특성을 인정하고 그것을 수용하려는 자세를 갖는다.

상대를 인정한다는 것은 상대방이 가진 존엄성(dignity)을 인정하고 수용한다는 의미다. 이것에 대한 수용은 외부적인 요인에 의한 것이 아니라, 하늘이 부여해 준 생명과 그 생명의 권리에 대한 인정과 수용이다. 이 존엄성을 바탕으로 관계성이 형성되고, 이 관계성 안에서 발생하는 모든 이익을 서로 환원하는 자세를 가지는 것이다.

부버가 인간관계를 중요시하고, 대화를 중요시하는 데는 가장 중요한 요인이 있다. 그는 하나님을 믿는 사람이었지만, 초자연적인 현상과 자연적인 현상에 앞서 인간이 가진 현실의 관계성을 중시하였다. 즉, 현실적인 관계성이 사람 간에 성립이 되지 않은 상황에서 하나님의 대한 신앙을 추구하는 것은 의미가 없고, 마치 미신적인 신앙과 같다고 보았다. 인간과 인간 사이에 감명과 인간애가 발생하지 않으면 그 가운데 하나님과의 만남은 불가한 것이다.

이 관점에서 그는 하나님이 인간을 창조한 가장 큰 목적도 대화라고 보았다. 창조의 초자연적인 세계와 위엄을 노출시킴으로써 인간이 복종하도록 하는 일방적인 관계가 아니라, 자연 및 초자연적인 환경과 체험을 통하여 인간과 하나님이 대화를 하고자 하시는 것이 창조의 목적이라 하였다. 그는 하나님이 인간과 관계를 가지려는 커다란 소망을 가지고 있고, 하나님이 이러한 관계를 맺는 데 있어서 일방적이고 수직적이며 군림적인 자세를 가지는 것이 아니라, 인간을 하나의 파트너, 대화의 상대자로 여긴다고 말한다. 성 아우구스티누스(St. Augustinus)도 도발적인 발언을 했다. "하나님 없이 우리가 없고, 우리 없이 하나님도 없다." 하나님이야 물론 인간 없이도 존재할 수 있겠지만, 어거스틴이 의미하는 것은 하나님과 대화하고 생각하는 주체인 인간이 없이 하나님 자신도 무의미하게 여기실 수 있다는 뜻이다.

나-너 관계를 형성하면서 대화를 한다는 것은 그 사람에게 내적인 분열(inner division)이 없고 '악'이 없다는 것을 의미한다. 개인의 마음에 악한 의도가 있으면 대화 채널에 서지 못하고 오히려 독백적인 인식 작업에 열을 올리는 수직적 관계의 인간이 되고 만다. 앞서 언급한 '등대'의 비유에서 보는 것과 같이 현대인들이 빈번하게 등대의 본질을 상실하고 오히려 부수적인 사교클럽에 관심을 가짐으로 인해 많은 사람들이 도움을 받지 못해 고난과 사망에 이르는 것은 비본질적인 것을 본질로 여기고 살아가는 잘못된 습성 때문이다.

보이지 않는 신비의 세계 및 하나님의 영역에 대한 해답은 인간과의 관계성에서 찾는다. 그러므로 자신이 근본으로 서 있는 가정에서 가족 간 관계가 바르게 형성되지 않거나, 이웃 간에 이러한 관계가 형성되지 않으면 우리는 신성에 대한 영역을 알 수도 체험할 수 없는 인간으로만 살아가는 것이다. 성서는 이러한 사람을 몸(육체)은 있지만 영혼은 가지고 있지 않은 인간으로 묘사한다.

경쟁과 성취, 물질이라는 떼어버리기 어려운 사실이 인간을 비본질적인 것에 집착하도록 만들고, 현대인들은 자신의 내면에는 도사리고 있는 '악' 으로 인해 내적 분열 구조에 살고 있다. 이러한 현대인들의 모습에 대하여 톨스토이는 짐승에 쫓기다가 구덩이 빠진 인간이 간신히 넝쿨을 잡고 생존을 하고 있는데 구덩이 밑과 위에는 그를 잡아먹으려는 짐승들이 도사리고 있고, 넝쿨을 잘근잘근 씹어먹는 쥐로 인해 곧 끊어질 것 같은 넝쿨에 매달려 있지만, 그 넝쿨에 맺혀 있는 꿀을 빨아먹느라 정신없는 인간으로 묘사하고 있다. 진퇴양난의 위험지경에 있지만 꿀의 달콤함으로 인해 자신의 급박한 위기 상황을 망각한 이 동굴 속의 사람이 바로 우리 인간이라는 것이다.

망각을 벗어나, 현실의 경쟁과 성취를 벗어나 새로운 영역을 깨쳐갈 수 있는 길은 부버에 의하면 매일매일 수행해야 하는 '작은 결정' 에 대한 바른 결정이라고 본다. 오늘의 '나' 는 과거에 수만 번의 작은 결정의 결과의 결정체다. 즉, 인간의 성숙이라는 것은, 나-너 관계를 형성하며 이 단계에서 살려면 아주 작은 것이지만 날마다 주어진 결정을 바른 편에서, 즉 나-너의 관계를 지향하는 방향으로 결정함으로써 미래에 인간다운 인간이 될 수 있다는 점이다. 부버는 인간이 결코 큰 것으로 인해, 혹은 단시간의 어떤 결정으로 인해 바른 사람이 되는 것이 아니라, 작은 것이지만 지속적이고 항시적인 바른 방향성을 가지게 될 때 그러한 바른 사람이 될 수 있다고 말한다.

신앙의 관점에서 본 성공

과연 성취중심 혹은 성공중심의 인간형과 인간관계성 중심의 인간형의 삶의 결과에 대한 심리학적인 검증을 할 수 있을까? 할 수 있다! 스위스 심리학자인 칼 융(Carl Jung)은 지그문트 프로이트(Sigmund Freud)와 결별한 후 독창적인 분석심리학이라는 영역을 개척했으며, 특별히 이 과정에서 성인들의 심리에 대하여 관심을 많이 가진 사람이기도 하다.

스위스라는 부요한 자연조건 및 환경 가운데 그는 자신을 찾아온 환자들과 상담을 하면서 유독 중년기에 마음의 통증과 정신적인 답답함을 호소하는 환자들을 많음을 알게 되었고, 여기에 대한 임상결과를 토대로 중년기에 인간에게 발생할 수 있는 심리적 현상에 대한 연구를 남기게 되었다. 그러나 이러한 조건에도 불구하고 융을 찾아오는 75%의 사람들이 신경증(Neurosis)이나 우울증을 호소하는 것을 기초로 하여 인간이 살아가야 하는 두 가지 방식에 대하여 지적을 했다.

성공과 성취의 인생

인간은 인생의 전반부를 성취나 성공의 위주로 살아가도록 되어 있다. 태생적으로 무엇인가를 쟁취하려고 하고, 거기에 사회가 이것을 구조화하여 강화내지는 부적 강화를 유도하며 인생 전반기 성공과 성취는 최대의 관심거리가 되는 것이다. 마치 원시시대에 남자의 경우에 사냥을 탁월하게 하는 자를 인정해 주고, 자녀를 건강하게 분만하여 잘 양육하는 여성에게 여성의 가치를 더 부여해 주는 구조와도 같은 것이다. 그러나 인생의 후반은 적어도 인간의 자연적인 정신적 구조가 '이타성'을 중심으로 살아가게 된다. 75%의 중년들이 자신에게 호소하는 신경증의 가장 큰 이유는 외부적인 조건을 갖추고 있지만 그 외적인 조건들이 왜 살아야 하는지에 대한 의미를 부여해 줄 수 없었기 때문이다. 이러한 관점에서 그는 현대인들에게 가장 무서운 질병은 '무의미'와 '장수'라고 하였다. 의학과 주거 환경과 음식 질의 개선으로 우리나라도 평균수명이 80세를 넘어서고 있고, 이후 지금의 청년세대는 평균수명 100세를 바라보며 살아가는 시대가 올 것이다. 그런데 문제는 왜 살아야 하는지에 대한 의미를 찾지 않고 장수만 계속한다면 이것은 인류에게 또 다른 재앙으로 다가올 것이다. 의미 없는 장수는 또 다른 혼란을 불러일으키기 때문이다.

왜 그 시대의 사람들에게 외부적인 조건인 성공이나 성취가 인생을 살아가는데 대한 의미를 부여해 주지 못했을까? 성공과 성취가 가져다주는 부와 편리함은 인생이 살아가는 데 궁극적인 목적이 아니다. 물론 이것이 전혀 없는 것도 문제가 될 것이다. 그러나 인간이 존재하는 데 이것만을 목적으로 살아간다는 것은 환영(illusion)이요, 투사(projection)에 불가한 것이지, 그것이 인간에게 궁극적인 목적과 의미를 부여해 주지는 않는다. 인간 사회와 그 구조는 이 환영과 투사를 마치 절대적인 것으로 여기고 이것에 초점을 맞추어 살아가도록 유도했을 뿐, 진리에 가까운 근사치에 이르지는 못한다. 그래서 이 성공과 성취의 처음 단계에서, 그 맛은 달콤하지만 조금 후에는 갈증을 느끼고 또 다른 단계를 추구하고, 성취 후 다시 갈증을 느끼고, 또 다른 만족을 기대하며 다음 단계를 추구한다. 성공과 성취라는 면에서 이것을 보면 이것이 인간 사회의 발전을 도모한다고 할 수 있겠지만 인간 개인의 내면세계는 갈수록 피폐해지는 것이다. 그리고 인간이 그러한 외부적인 조건을 충족함에도 불구하고 만족을 느끼지 못하는 것은 그 투사한 대상이라는 성공과 성취 그리고 이것이 가져다주는 부가 절대적인 것이 아니기 때문이다.

2008년 10월에 국민 여배우라 할 수 있는 최진실 씨가 자살하고 말았다. 국민적 인기를 얻은 스타 중의 스타였지만, 결국 최정점에 오른 것으로 인해 자살에 이르고 말았다. 자신이 추구하던 스타가 되었지만, 결국 그 인기라는 것이 자신을 파멸시키는 원수가 되어버린 것이다. 그렇게 바라던 성공을 이루었지만 그것이 다시 자신을 얽어매어 개인의 생활이 자유롭게 되지 못한다는 말에는 어폐가 있는 것 같지만, 많은 사람들이 현실로 겪고 있다.

다음 기사는 반대로 성공과 기회의 좌절이 또한 인간을 얼마나 박탈감과 절망 가운데 죽음으로 치닫게 하는지를 알게 해 준다.

> 미국의 금융위기가 확산되고 있는 가운데 실직 상태에 있던 40대 남성이 가족 5명에게 총격을 가해 살해한 뒤 스스로 목숨을 끊는 사건이 발생했다. 경찰은 4일 오후 6시께 미 캘리포니아주(州) 포터랜치의 자택에서 카르틱 라자람(45세)라는 이름의

남성이 아내와 아들 3명, 장모를 총으로 죽인 후 곧이어 자신도 목숨을 끊었다고 밝혔다. 라자람은 금융 관련 MBA 학위를 가지고 있으며 미국의 유명 컨설팅 업체인 PwC 등에서도 일했으나 7개월 전 실직한 것으로 알려졌다. 경찰은 이 남성이 남긴 3장짜리 유서에 구직의 어려움이 상세하게 적혀 있다고 발표하면서 범인이 재정 문제를 비관, 가족들을 살해한 뒤 자살한 것으로 추정하고 있다. 사건을 담당한 마이클 무어 형사는 "범인은 재정적 어려움과 가계 문제에 낙담해 이번 살인 자살 사건을 일으킨 것으로 보인다."라고 전했다.[8]

연예계를 비롯해서 경쟁과 성취를 최고의 목표로 삼는 사회와 가정의 구조에서 경쟁과 성취는 서서히 자신도 인기가 내려갈 것이라는 생각을 가지고 수용하지 않으면, 불안으로 우울증에 시달릴 수 있다. 이것은 비단 연예계만 아니라, 대표적으로 우리사회와 세계에서 관심이 가장 많은 직업 중의 하나인 금융가에서도 같은 현상이 발생한다. 다음 기사를 보자

15년 경력의 펀드매니저 윌리는 지난 해까지만 해도 연봉 100만 달러(약 12억 원) 정도를 받았던 홍콩의 잘나가는 금융인이었다. 그런 그가 며칠 전 홍콩 섬 중심부에 있는 주교자(主教座) 성당을 찾아가 신부에게 "이제는 성당을 다니며 정신적 안정을 되찾고 싶다"는 말을 했다. 신부는 "늦었지만 돈만 바라보고 달려온 인생을 뉘우치게 된 것은 한없이 반가운 일"이라고

말했다고 한다……. 그는 "지난 15년 동안 하루 15시간씩 일했다. 너무 지쳤다. 1997년 아시아 금융위기 등 두 번의 국제 금융위기를 경험하면서 피 말리는 하루하루를 살아 왔는데 이제는 회사가 파산하자 허탈감에 우울증 증세까지 겹쳤다"고 말했다. 그는 "처음에는 병원에서 심리치료를 받았지만 허탈감을 치유하지 못해 아내와 협의 끝에 종교를 갖기로 했다"고 털어놓았다. 홍콩에 있는 윌리의 금융계 친구 20여 명 가운데 10명 정도가 해고되기 직전인데, 윌리의 이야기를 듣고 모두 종교에 관심을 갖게 됐다고 한다.[9]

이웃과 공동체를 생각하는 삶

융은 자신에게 찾아 온 중년 환자들과 상담하면서 늦어도 중년기부터 시작하여 인간이 성취만을 위한 것이 아니라, 이타성(altruism)을 중심으로 살아가야 한다고 했다. 외부적인 조건이 아무리 좋아도 인간의 심성과 정신적인 구조는 이타성으로 인해 인생에 의미를 줄 수 없다면 모든 것은 무위로 끝나기 쉽다는 것이다.

인간은 태생부터 불안을 느끼고, 유전자적으로는 이기적인 유전자를 가지고 태어났다. 사람들은 자기중심적 경향을 가지고 있다는 의미다. 동시에 우리 사회의 구조가 경쟁과 성취를 추구하도록 우리의 태생 전에 이미 존재하고 있는 사회양식이고, 우리는 여기에 던져져서 살아가는 것이다. 그러나 인생의 발달 과정에서 어리면 어릴수록 부모나 주된 돌봄자로부터 돌봄과 양육을 제공받아야 신체적 · 정신적 발달이 있고, 청년기 때부터는 서서히 자신을 희생해 가면서 세 가지 분야인 일, 사랑, 우정에서 관계성이 형성되어야 한다. 일, 사랑, 우정은 자신의 희생이 기초가 되지 않으면 성립될 수 없는 것들이다. 청년의 사랑도 자기중심적으로 나가면 성립되기 어렵다. 내가 타인을 위해 시간, 물질, 정신을 희생해 나갈 때 이 세 가지가 효율적으로 작용한다.

인간은 자기중심적으로만 살아가 개인의 성공과 성취만을 추구하면 건전한 한 사회인으로 존재할 수 없다. 남을 위한 봉사와 희생에서 의미를 찾는 것은 인간의 정신과 신체에 그렇게 살면 의미를 느낄 수 있는 정신적인 구조가 형성되어 있는 것이다. 필자의 한 지인은 오래전 이런 고백을 했다. 해마다 연말이 되면 망년회로 사람들과 만나 오랜만에 만난 사람들과 밤이 늦도록 여러 차례 술자리를 하곤 하였다. 새벽녘에 집으로 돌아오는 길에는 술로 몸과 마음이 짓눌려 피곤에 지치곤 하였다. 그러던 어느 해에는 망년회를 하지 않고 고아원을 방문하여 원생들과 밤늦도록 함께 식사와 놀이를 하고 준비한 물품을 기부하고 새벽녘에 돌아왔다고 한다. 그런데 그 새벽에 집으로 오는 길에 마음 깊숙한 곳에서 자신에 대한 '의미(meaning)' 와 보람이 솟구쳐 오르는 경험을 했다고 한다. 인간은 이렇게 살 때 자신이 살아야 하는 의미를 발견할 수 있는 것이다.

현대의 소외(alienation) 현상 중의 하나는 무의미가 보편화되는 것이다. 나의 내담자들이 정신치료를 받은 대부분의 이유는 어떤 특별한 정신적인 분열 증세가 있어서가 아니라, 인생을 사

> 는 의미가 없기 때문이다. 사려 깊은 상담자들은 이들이 가진 문제는 불만족했던 아동기의 경험만이 아니라, 주된 문화적 변화에 의해 발생하는 격변(upheaval)에 의한 것이라는 느낌을 피할 수 없을 것이다.[10]

심리학자 알프레트 아들러(Alfred Adler)는 사람의 성공은 반드시 '이웃을 위해(for others)' '이웃과 함께(with other)' 여야 한다고 보았다. 그리고 성공은 자신이 속해 있는 공동체(가정, 사회) 안에서 이루어져야 하며, 이것과 관계없이 형성되는 독자적인 성공이나 성취 개념은 건강한 개념이 아니라는 결론을 내렸다. 우리가 말하는 엘리트 개념은 이러한 공동체적인 사회적 맥락에서 이해되어야 한다. 그래야 이것을 통해 정신과 신체적으로 건강한 인생이 될 수 있는 것이다.

인간은 관계성을 통해서 의미를 발견하고, 그 의미를 통해서 존재의 이유를 깨닫게 된다. 신학자이자 사상가인 부버가 앞서 지적한 말을 다시 상기해 보자. 관계가 형성되지 않고 무엇인가 신앙하려는 자세는 미신적인 태도라고 하였다. 부버의 말은 인간관계의 중요성을 떠나 신앙이나 의미를 찾으려는 것은 마음의 투사(projection)이지, 진정한 신앙의 대상을 향한 움직임이 아니라는 의미다. 톨스토이는 그의 나이 51세에 느낀 마음의 고통에 대하여 다음과 같이 고백했다.

> 내가 기초로 하여 서 있는 모든 것이 무너지는 것을 느낀다.

> 이제 내가 기초로 하여 서 있어야 할 것이 사라졌다. 나는 그동안 아무것도 아닌 무가치한 것을 위해 살았으며, 왜 살아야 하는지에 대해서도 아무런 이유를 가지고 있지 않았다. 진실한 것은 인생이 의미가 없다는 것이다. 계속적으로 되풀이 되는 삶 속에서 그동안 나의 자취들이 나를 벼랑 끝으로 더 가까이 이끌기에 나에게 있어 인생은 아무것도 아니며 폐허인 것이다. …… 지금 내가 하는 일들로부터 나는 무엇을 얻을 수 있는가? 나는 인생에 과연 무엇을 가질 수 있는가? 나는 왜 살고, 무엇을 해야 하며, 어떤 것을 얻어야 하는가? 피할 수 없는 죽음, 나를 기다리는 죽음으로부터 파괴될 수밖에 없는 내 인생에는 어떤 특별한 의미가 있는가?[11]

톨스토이는 이 글을 쓰기 5년 전부터 발생한 이러한 마음의 격변에 대하여 심각한 고민을 하고 당혹스러운 세월을 보냈다. 그리고 자신의 살아가고 있는 이유에 대한 질문에 답이 없음을 고통스러워 했다.

소홀히 한 목소리를 듣는 인생

'소홀히 한 목소리(neglected voices)' 를 듣는다는 의미는 그동안 한쪽 방향의 자기중심적 이해로 살았집만 이제는 그동안 관심 갖지 못한 것에 대해 관심을 가져야 사람의 심신이 건강해질 수 있음을 말한다.

앞서 언급한 것과 같이 대다수의 사람이 자기중심적으로 살아가기 쉬운 경향과 사회구조 속에 있다. 이러한 구조 속에서 개인은 거의 끊임없이 개인의 특수성(specialness)과 궁극적 구조자(Ultimate rescuer)를 고대하면서 생활하고 있다. 특수성이란 내가 다른 사람들과는 다르다는 점이다. 그래서 개인의 우월성을 가지고 있다. 성취와 성공만을 생각하면서 개인의 특수성을 부각시키는 행위는 대다수의 사람들로 하여금 자기에 대한 도취, 자기당착, 우월성의 심리를 가지게 한다. 이것은 인간이 자기 스스로 영웅주의에 빠져서 살아가는 것을 의미한다.

프롬은 인간이 영웅주의에 빠져 사는 형태를 다음과 같이 말한다. 영웅주의에 인간이 빠져서 사는 것은 자신의 근원에 대한 진정한 상실을 대체할 것을 찾는 것인데, 이 궁극적인 인간의 갈증을 해결할 대상을 찾지 못하여 영웅주의에 빠져 일시적인 안전성을 확보하려는 것이다. 그래서 여기에 빠진 현대인은 알코올, 섹스, 지적 활동, 스포츠, 오락 등을 사용하여 자신의 영웅을 위협하는 요소로부터 탈출을 시도한다.

> 자신에게 향하는 파괴성들은 비 활력적인 삶(unlived life)의 결과다. 말하자면 사람들이 자기 자신으로서의 가치를 가지려는 용기가 결핍되었기 때문이다. 그래서 이 다섯 가지(가학성 음란증/sadism, 피가학성 음란증/masochism, 파괴성, 독재주의, 대중 일치(automation conformity) 중 하나에 의지하여 탈출하려는

사람은 자신의 개인성과 자기 파괴하는 것을 구하는 것이다.[12]

실존주의 심리학자 어빈 얄롬(Irvin Yalom)은 개인이 특수성 혹은 영웅주의에 빠지면서 개인의 차별성을 방어하는 사람들이 실패를 할 경우 다음 단계가 궁극적 구조자의 심리구조라고 본다. 궁극적 구조자는 심리적으로는 자기를 방어하고 보호하여 타인들과 차별화하는 데 최후의 방어선이다. 곤란이 발생하였을 때 누군가 자신의 편이 되어 주고, 심지어 신(神)조차도 자신의 곤경에서 자신의 편에서 주기를 바라면서 신앙을 한다고 하였다.

이 두 가지의 특별한 심리적 양식들은 현대인들로 하여금 공동체보다는 '나' 중심, 가족보다는 '나' 중심으로 살아가도록 만든다. 그리고 이러한 '나' 중심의 사고와 행동들이 책임보다는 자유에 가깝게 살도록 만든다. 동서고금을 막론하고 성인들의 체험과 삶의 행렬에서 내려진 결론은 자유는 책임을 지는 사람들이 가지는 결실이라는 점이다. 나 중심의 시대에 자유가 가지는 모순은 이것이다. 진정한 자유라는 것은 책임진 사람만이 느낄 수 있고 향유할 수 있는 특권이고 결과이며 열매다. 이러한 관점에서 좀 더 보람 있는 삶, 우리가 막연하게 또는 확고하게 생각하는 신(神)에 대한 뜻을 생각하면서 그 뜻에 합당하게 살아갈 수 있는 방법은 어떤 것이 있을까?

나의 주변에 대한 관심으로

우리가 살아가면서 그간 소홀히 하느라 경청했지 못했던 소리에는 무엇이 있을까? 잘 보지 못했던 것은 어떤 것이 있을까? 인간 마음과 정신은 균형이 있을 때 그 마음이 평안이라는 행복을 누릴 수 있다. 그동안 우리가 관심을 가지지 않은 것들이 무엇이 있을까? 마르틴 부버는 지적한 바와 같이 인간관계에서 대화가 단절된 상태에서 창조주에 대한 신앙을 가진다는 것은 현실적이지 않은 밀의종교와 같고, 무속적인 신앙과 같다고 지적했다. 결국은 창조주에 대한 신앙에서도 인간관계 정상화 없이 추진되면 무리한 독단적인 시도라고 할 수 있다. 이러한 면에서 우리의 가족과 이웃과 공동체에 대한 관심은 그 가운데 묻혀 있는 신의 소리를 들을 수 있는 좋은 기회가 될 것이다.

심리학자 대니얼 레빈슨(Daniel Levinson)은 인간 마음의 균형을 잡기 위해서 필요한 네 가지 영역에 대하여 지적한다. 첫째는 애착과 분리다. 우리는 그동안 성취에 대해 집중적으로 관심을 가지면서 소유를 통한 애착에 강한 집착을 가지고 있었고, 그리고 이 소유를 통해 우리 존재에 유무형의 가치를 부여했다. 그러나 이제는 어느 정도 이 소유로부터 분리할 수 있는 마음이 필요하다. 분리의 최종적인 것은 죽음이기 때문에 이 분리를 통해서 애착의 욕구로부터 멀어질 수 있는 것이다. 불교에서는 인간이 가진 가장 큰 문제들은 결국 집착인 욕심을 통해서 발생하고, 인간은 결국 이것 때문에 평생 쓰라린 세월을 살아간다고 한다.

둘째는 젊음과 늙음의 균형이다. 항상 젊었다고 생각하지 않는 것이 좋다. 이렇게 될 수도 없고, 순식간에 젊음은 지나가고 세월이 앞서간다. 자신을 마치 불사신처럼 생각하는 젊은이들의 마음 구조는 그러기에 공상적이고 과도한 낭만에 가득 차 있다. 그러나 이러한 마음 자세는 늘 인생의 한 면만을 보고 있기에 불안정한 것이다. 흑백논리에 패기에 차 있는 젊은이들에게 발생하기 쉽다. 왜냐하면 삶의 역동적인 것만을 볼 뿐이지, 그림자와 수동성을 볼 수 없기 때문이다. 그러기에 이러한 마음들이 균형을 가지기 위해서는 자신도 나이 들어가고 있고, 어느 사이에 봄날이 지나가고 가을이 온다는 사실을 주변의 이웃들이나 부모들의 나이 듦을 통해서 수용해야 건강한 심리적 구조를 가질 수 있다.

셋째는 남성성(masculine)과 여성성(feminine)의 균형이다. 우리가 남성성의 중심을 공격적이거나 성취성의 중심적인 경향이라 생각하고, 여성성을 돌봄(caring)이 전형적인 것으로 보고 있다. 그러나 이 성취 성향을 가진 사람이 돌봄에 대한 생각으로 균형을 가지지 않으면 심리적 불균형으로 고통을 받고, 돌봄 유형의 사람이 성취감이 없다면 이 또한 불균형으로 인한 어려움을 겪는 것이다.

넷째는 죽음과 삶에 대한 균형이다. 확실히 죽음은 인간이 살면서 가능한 한 멀리 내치고 싶은 것이다. 프로이트는 인간이 이 죽음을 선반의 높은 곳에 올려놓고 더 이상 보거나 생각하지 않으려 한다는 무의식적이며 의식적인 노력을 간파했다. 그러나 이것에 대한 관심을 가지게 될 때 삶이 좀 더 균형이 있을 수 있다고 했다.

삶에서 죽음으로의 관심

삶을 의미 있게 하고, 생존하는 보람을 느끼기 위해서는 죽음을 삶의 기저로 초대해야 한다. 그래서 철학자 키케로는 "철학을 하는 것은 죽음을 준비하기 위해서다"라고 했고, 세네카는 "생의 마지막을 준비하려고 하고, 준비하는 사람 외에 삶의 진정한 맛을 즐기는 사람은 없다"고 하였으며, 기독교에 많은 영향을 미친 성 아우구스티누스(St. Augustinus)는 "죽음 앞에서 인간의 자아(self)가 태어난다"고 하였다.

얄롬은 미국의 샌프란시스코 금문교에서 투신 자살하려다가 구조된 사람들과 인터뷰를 했다. 그런데 구조된 사람의 70%에 이르는 사람들이 삶이 죽음보다 더 가치 있다는 사실을 깨닫고 살아야겠다는 데 대한 열정을 보인 것이다. 얄롬은 인간은 죽음에 가까워졌을 때 삶에 대한 의미를 더 가질 수 있다는 결론을 내렸다.

늘 살려고 발버둥치느라 죽음에 대한 인식을 하지 못하면 동전의 양면에서 한쪽 면만을 중심으로 살아가기에 균형 있는 삶이 되지 못한다. 신학자 파울 틸리히(Paul Tillich)는 인간의 존재(being)가 비존재(nonbeing)로 가는 것, 즉 유(有)에서 무(無)로 가는 것이 형이상학적 충격과 같은 것이라고 보았다. 이 비존재의 충격인 죽음으로 인해서 인간이 그간 소유했던 시간, 공간, 본질이 사라지는 두려움에 대하여 말하고 있다. 그리고 이러한 죽음에서부터 오는 불안(anxiety), 죽음, 죄책감(guilty)은 인간이 떨쳐버릴 수 없는 짐이라 했다.

죽음에 대한 자각이나 생각은 인간이 유한성을 가진 존재임을 알게 한다. 초월적으로 생각했던 자신을 이제야 비로소 현실감 있는 존재로 생각하게 된다. 인간은 여러 피조물과 비교하였을 때 역시 초월적인 영역들이 몇 가지가 있다. 인간이 초월적인 영역에 대하여 생각할 수 있고, 자신을 초월성을 가진 존재로 여기는 것에는 인간만이 사용하는 언어와 기술이라는 독특성이 있기 때문이다. 그리고 이것을 기반으로 한 인간의 문명은 다른 피조물과 차이 나게 초월성적인 면을 많이 보였다. 대표적으로 인간이 가진 초월성은 세 가지 측면에서 볼 수 있다. 첫째는 자기 창의성(self-creativity), 둘째는 자기 초월성(self-transcendence), 셋째는 자기 통합성(self-integration)이다. 자기 창의성은 인간의 문화를 의미한다. 문화의 핵심은 종교이고 그 겉은 문화다. 그리고 이 창의성을 통해서 인류는 계속적인 문명의 진화를 거듭하고 있다. 그러나 인간이 발휘한 이 창의성은 인간이 스스로 파괴하는 모순을 겪는다. 자기 초월성은 인간이 종교를 만들어 내는 것이다. 그러나 이 초월성은 늘 스스로 하나님의 위치로 군림하려는 인간의 모순을 보게 된다. 자기 통합은 도덕인데, 만들어낸 법과 도덕을 결국 남을 통제하는 수단으로 사용한다. 결국 초월성의 영역만을 생각하는 인간은 자신이 가진 한계성을 인정하지 않고, 그것을 부정하기 위해서 부단하게 많은 에너지를 여기에 소모하게 되고, 파괴적 에너지가 형성된다. 인간에게 끝이 있다는 것, 자신의 한계를 인정한다는 것은 자신에 대한 포기가 아니라 비로소 창조주 앞에 한 인간으로서 겸허하게 인생을 관조하고 감사하면서 나아가는 길이기도 하다. 자신에게 주어진 자유의 제한을 알고, 인간의 한계성을 수용하고, 우리가 우연한 존재가 아니라 필연적 존재라는 사실 앞에 살아가는 것이 균형 있는 자유한 삶을 사는 것이다.

현실에서 영원으로의 관심

> 35세 이상의 중년기에 있는 나의 내담자들의 경우에는 자신들의 인생의 문제들에 대하여 종교적인 관점에서 마지막 안식처를 찾지 않는 사람들은 없었다. 그리고 이들 중에 종교적인 도움을 받지 않고, 문제가 해결된 사람은 아무도 없었다. 물론 이 말은 구성원이 되거나 특정한 교리를 통해서 해결 받았다는 것은 아니다.[13]

성취와 나만 중심이 되는 사회에서 사람들이 좌절을 느낀 것은 자신의 인생에 대한 의미나 존재의 근거에 대한 회의였다. 그래서 이들의 대부분이 종교적인 관점에서 안식을 찾으려는 사람이 많이 있었던 것이다. 자신의 근원을 알고, 우연적인 존재가 아니고 필연적인 존재라는 사실을 확인하는 것은 인간 자신의 현실적 뿌리를 더 견고하게 할 수 있다. 우리는 간혹 TV를 보다가 오래전에 해외입양되었다가 수십 년의 세월이 흘러 성인이 된 사람들이 한국으로 와서 자신의 부모를 찾으려 몸부림 치는 것을 보게 된다. 오히려 자신들이 입양한 곳의 문화와 언어가 익숙함에도 불구하고, 왜 자신의 뿌리와 출처에 관심을 가지려 하는가? 아마 이러한 뿌리에 대한 추구는 마치 우리 모든 인간이 어디에서 왔으며 어디로 가는가에 대한 답을 찾으려는 무의식적이고 의식적 노력과 마찬가지일 것이다.

보이는 세상만이 전부가 아니고, 살아 있는 것만이 전부가 아니라는 사실은 점차 나이가 들어갈수록 깨닫게 되는 인생의 순리다. 현재가 지나면 미래가 오는 것과 같이 현실이 끝이 나면 영원의 세계가 있다는 것은 인간이 알아야 할 또 하나의 진리다. 근원자가 오늘 나와 너 사이에 공존하고 있으며, 나와 너 사이의 관계성을 위해서 영원성에서 현실성으로 참여를 하고 있는 것이다. 이러한 면에서 부버는 하나님이 인간과 대화를 하기 위해서 인간을 창조했다고 하였다. 수직적인 관계가 아니라 수평적인 관계로서 인간 개인과 역사에 참여한다. 그래서 성 패트릭(St. Patrick)은 하나님은 자기가 만든 세상을 인간에게 즐기게 하신다고 했다. 그는 이 즐김에 하나님의 임재가 필요함을 말하고 있다.

> 주님께 두 가지 간청을 드리니, 제가 죽기 전에 그것을 이루어 주십시오. 허위와 거짓말을 저에게서 멀리하여 주시고, 저를 가난하게도 부유하게도 하지 마시고, 오직 저에게 필요한 양식만을 주십시오. 제가 배가 불러서, 주님을 부인하면서 '주가 누구냐' 고 말하지 않게 하시고, 제가 가난해서, 도둑질을 하거나 하나님의 이름을 욕되게 하지 않도록 하여 주십시오.
>
> (잠언 30: 7-9)

성서 잠언 중 아굴의 기도다. 잠언(Proverbs)은 인간이 살아가면서 얻은 경험을 후세에 남기는 글이고, 후세들이 이 글을 보고 인생의 지표로 삼는 것이다. 아굴이 어떤 사람인지 자세히 알 수는 없지만 그가 평생 하나님 앞에 드린 내용의 글은 인간이 어떻게 살아야 하는지를 잘 나타내고 있다. 그의 평생에 유일한 관심은 부자가 되는 것이나 권력을 가지는 것이 아니었다. 그러나 물질이 없어서 하나님을 저주할까 하는 두려움과 물질이 너무 많아서 하나님을 안중에 두지 않는 우를 범치 않기를 기도하였다. 그는 인생 최고의 가치를 하나님을 알기 위해서 중도적인 물질관을 구하였다.

현실만이 중요하다는 것이나, 내가 세상의 중심이라는 것은 인간의 좁은 시야에서 오는 편견이며 동시에 오만이다. 우리가 이것을 고집하는 사이 우리의 생에서 자연과 사람 사이에서 즐겨야 하는 것들을 수없이 상실하고 있다. 현실에 있지만 영원을 바라보는 인간, 자신의 창조성을 수직관계가 아니라 수평관계로 형성하기 원하는 하나님은 자연과 초자연에서 오늘도 우리와의 대화와 관계맺음을 기다리고 있다.

영원과 사랑의 관계성

우리는 너무나 많은 것을 망각하며 이 세상을 살아가고 있다. 수없는 경쟁과 그 경쟁의 대가로 받는 것으로 두 가지를 상실하며 살아간다. 하나는 이웃과의 관계이고, 또 하나는 영성적 차원으로 인간의 피조성 수용이다. 정상을 향해 등정하는 발길에 오로지 정상만이 제일인 것처럼 보이기에 주변의 숱한 광경과 만남을 소홀히 하고 이 두 가지를 우리 무의식의 가장 깊은 곳에 내려놓고 생활하고 있다. 그러기에 이 가장 근본되는 요소에 관심없이 살아가기에 생활 수준은 높아지지만 행복의 만족도는 오히려 낮아지고 있고, 세상은 점점 더 비참한 일들이 발생하고 있다. 이제 보이는 것에서 보이지 않는 것에, 그동안 소홀히 했던 것에 관심을 가짐으로써 좀 더 균형 있는 인생의 출발이 필요한 시점이다.

어떻게 회복할 수 있을까? 현실에 살면서 어떻게 영원을 살아갈 수 있을까?

필자는 목숨을 걸고 등반하는 사람들을 볼 때마다 저렇게 위험한 일을 왜 할까 하는 생각을 하곤 했다. 8,000m가 넘는 험준한 산을 산소통도 없이 등정하려는 시도는 무모하지 않은가 말이다. 몇 차례 죽을 고비를 넘기고, 때로는 동상이 걸려 신체의 일부를 절단하고도 몇 년 후에 다시 도전한다. 여러 가지 이유가 있을 것이나 보통 사람들이 할 수 없는 이러한 일을 하는 데는 중요한 이유가 있을 것이라고 본다. 필자는 그것이 도전을 통해서 '죽음' 이라는 극한 상황을 체험하려는 유혹이 아닌가 생각한다.

사람들이 문제를 일으키고, 본질에서 벗어나 왜곡된 일에 몰두를 하는 가장 큰 이유는 인간이 가진 절대적 명제인 '죽음' 에 대한 자각과 통찰이 없기 때문이다. 이것이 없기 때문에 인생 대부분의 시간을 비본질적인 것에 투자하고, 일생을 무의미하게 보낸다. 그런데 어느 순간, 어떤 경험에 의해서 자신의 한계나 죽음을 가깝게 경험하게 되면 사람의 인생관과 태도가 변화할 수 있다.

전문가들이 오르는 높은 산은 오르지 못해도 등산을 즐기는 사람들이라면 목적지에 도달하여 산 아래를 한 번 돌아보면 인간이 사는 것이 얼마나 부질없는지, 인간이 사는 세상이 얼마나 작고 하찮은지 알 수 있다. 등반을 할 때마다 목숨을 담보로 걸고 도전하는 전문 등산인이라면 등산을 하면서 자신이 가진 하찮은 일들(trivial things)을 하나둘 내려놓게 될 것이다. 이렇게 되면 인간으로서 살아가는 이 짧은 세상에서 우선적으로 해야 할 본질적인 일에 관심을 가지고 생활하고 기도하게 된다. 사실은 인간의 모든 문제는 비본질적인 것을 마치 제일 중요한 것처럼 생각하여 살아가는 착각 때문에 발생하는 것이다. 그 껍질 같은 비늘을 하나둘씩 벗겨내어 좀 더 본질에 충실하게 살아가야 후회가 없다.

시대가 시대인만큼 사람들은 옷과 패션에 많은 관심을 가지고 있다. 옷을 잘 알지 못하는 사람들은 옷의 색상을 화려하게 하고 장식 등을 많이 하여 자신을 나타내려 욕심을 내지만, 오히려 단순하고 평범해 보이는 옷이 입은 사람을 아름답게 드러내 줄 수 있다고 한다. 전문가들은 검정색과 흰색을 추천하면서 가장 흔하고 단순한 색이지만 이 색상을 잘 어울리게 입는 사람이 가장 옷을 잘 입는 사람이라고 말한다. 건축물에 대한 생각도 마찬가지다. 복잡한 건축 양식으로 여기저기 치장하는 것보다 군더더기를 다 빼버리고 가장 심플하면서도 효용성을 가지는 건축물이 좋다는 것이다. 음악도 그렇다. 좋은 음악이 많이 있지만 모차르트의 음악을 좋아하는 사람이 많은 이유는 그가 작곡한 곡들이 가장 단순하고 호소력 있기 때문이다.

우리에게 주어진 삶을 살아가면서 나, 너 그리고 하나님과의 관계를 바르게 할 수 있는 것은 우리가 가진 부질없는 비본질적인 요소를 하나씩 내려놓고 가장 단순한 가치관을 가지고 살아가는 것이다. 마치 목숨을 걸고 등반하는 산악인들이 하찮은 일들을 내려놓는 것과 같이, 단순한 흑백의 조화로 복잡함을 떨쳐버리고 좀 더 하나님의 뜻인 본질에 충실하게 사는 것이다.

후 주

1 이 글은 기독교의 이해(계명대학교출판부, 2008)에 실린 필자의 글을 수정 · 보완한 것이다.

2 Howard Clinebell, *Basic Types of Pastoral Care & Counseling*(Nashville: Abandon Press, 1990), p. 13

3 Erik Erikson, *Identity: Youth and Crisis* (New York: Norton, 1968), p. 47.

4 Davis McElory, *Existentialism and Modern Literature* (New York: Citadel Press, 1963), p. 4.

5 상대방에게 성적으로 고통을 주고, 상대가 고통을 느끼는 것을 보며 쾌감을 느끼는 병이다.

6 가학성 성욕과는 반대로 성적으로 학대를 받음으로써 자신의 존재감을 느끼는 병을 이른다.

7 이것은 자신의 정체성으로 불안을 느끼는 현대인들이 대중들이 선호하는 행위를 아무런 비판 없이 맹종함으로써 소외와 고립의 위기를 종식시키고자 하는 마음이다.

8 http://news.chosun.com/site/data/html_dir/2008100700798.html

9 2000년 10월 7일자 〈중앙일보〉 기사를 참조하기 바란다.

10 Edward Edinger, *Ego and Archetype* (New York & Boston: Shambala, 1992), p. 107.

11 Leo Tolstoy, *My Confession, My Religion, The Gospel in Belief* (New York: Charles Scribner, 1929), p. 12.

12 Erich Fromm, *Man for Himself* (New York: Holt, Rinehart and Winston, 1964), pp. 41-42.

13 Carl Jung, *Word and Image*, Bollingen Series XCVII: 2, Aniela Jaffe Ed. (New Jersey: Princeton University Press, 1979), p. 123.

Part 5
새 피조물과 기독교

Chapter 15

사회망과 기독교 신앙

사회에는 다양한 사건이 있고 다양한 사람들이 살아간다. 그래서 내가 가진 경험만 가지고 세상과 사람을 보는 것은 잘못된 편견이 되기 쉽다. 사회에서 살아가는 개인은 그 사회와 국가가 가진 법을 비롯한 다양한 긍정적인 사회망에 의해서 좋은 영향을 받을 수 있다. 사회학자들은 사람이 2명 이상 모인 곳에는 '힘'과 '관계성'이라는 것이 반드시 있다고 본다. 두 사람 이상 있는 곳에는 보이지 않는 힘에 대한 경쟁이 있고, 그 가운데 관계가 형성되는 것으로 본다. 그런데 이것이 긍정적으로 영향을 미치려면 그 내부 요소에 관용과 용기가 있어야 한다.

한 개인이 어려움에 처했을 때 사회가 그에게 관용과 용기를 보인다면 그에게 큰 힘이 될 것이다. 예를 들어 어떤 개인이 회사로부터 해고를 당했을 때 그 사람이 다시 직업을 갖기 전까지 최소한의 생활을 할 수 있도록 경제적으로 보조를 해 준다면 이런 것이 개인에게 관용과 용기가 될 수 있다. 그리고 이렇게 사회로부터 도움을 받은 사람은 두 가지 변화가 생긴다. 첫째는 자신에게 있는 잠재력을 계발하는 것, 둘째로는 이 잠재력의 발휘로 인해 활동 반경이 넓어지는 긍정적인 영향을 받는다는 것이다.

누구나 사랑과 관심을 받으면 긍정적으로 변화하고, 자신의 능력 이상을 발휘하는 것은 사회와 어려운 처지에 있는 개인도 마찬가지다. 칭찬은 고래도 춤추게 한다는 말은 진실이다. 어려운 상황에 처한 개인에게 사회와 구성원이 관심과 사랑을 보인다면 그는 자신에 대한 가능성과 잠재력을 더 발휘할 수 있다. 이것은 어린아이에게 부모가 관심과 사랑을 베풀면 더 맑고 밝은 미소를 부모에게 보이는 것과 같은 이치다. 그리고 이러한 관심과 사랑을 받으면 그 개인의 활동 범위가 더 커지는 것이다. 유아들이 걸음마를 배울 때 박수와 격려를 하면 더 멀리 나가려고 하는 것과 마찬가지다. 그래서 이렇게 사회망의 도움을 받은 사람은 자신과 만나는 사람에게 긍정적인 영향을 미칠 수 있는 효과가 있다.

학교로 걸어가는 길에 늘 큰 개 한 마리를 만나곤 한다. 금빛 털에 사람들과 친화적인 골든 리트리버 종(種)이다. 친해진 후 오가는 길에 몇 분, 때로는 몇 초 정도 쓰다듬고 지나간다. 그러다 어느 날부터인가 빵을 하나씩 준비해서 주었더니 나를 반기는 태도가 그 전과는 확연하게 차이가 났다. 반갑다고 꼬리를 흔들던 것이 이제는 아예 춤을 추는 수준이다. 단순히 동물을 좋다고만 할 것이 아니라, 실제로 무언가를 주고, 도움을 줄 때 더 깊은 관계가 형성된다.

한국 교회는 과거 복음과 사회에 대해 이분법적으로 생각하여 관심을 기울이지 않은 경우가 많았다. 구원과 사람이 살아가는 현실에 분명히 선을 그어 교육을 하곤 했다. 이러한 맥락에서 사회는 사회고, 교회는 교회라는 고정된 시각으로 신앙생활을 하는 곳도 있다. 미국의 사회복지 프로그램 중 헤드스타트(Head Start)가 있다. 경제적 어려운 이웃의 아이들에게 연방정부와 주정부가 한 아동당 하루에 5달러를 투입하여 교육, 인간관계, 간식 등을 제공하며 아동을 교육하는 프로그램이다. 사람이 살아가는 사회에는 어느 시대나 가난한 자와 부한 자가 있기 마련이다. 만일 어려운 처지에 있는 아동들을 그대로 방치하면 문화적 결핍과 교육의 부재로 인해 빈곤이 악순환되고, 자란 후에는 사회에서 인간관계의 어려움을 겪게 되며, 장기적으로는 사회에 부정적인 요소가 될 수 있으므로, 그 흐름을 차단하고자 하는 것이다. 정부가 지금 5달러를 투자하면 15~20년 후에는 20달러 정도의 예산이 비축된다고 한다. 우리나라의 경우 중범죄자 1인을 관리하는 데 1년에 2,200만 원이 든다고 한다. 대개 이런 범죄자는 사회취약계층 출신인 경우가 많으므로 이런 상황의 어린이들을 도와주면, 이들이 성장하여 건강한 사회구성원이 되어 사회에 긍정적인 영향을 미칠 가능성이 커지는 것이다. 복잡한 사회구조에서 살지만 한 사람 한 사람이 별개의 인간이지만 또한 유기적으로 연결되어 있다.

예수님은 씨 뿌리는 비유에서 네 가지 밭의 경우를 말씀하신다. 아무리 씨가 좋아도 돌밭이거나, 가시나무가 우거져 있으면 씨는 뿌리를 내릴 수 없다. 하나님의 생명력 있는 말씀이지만 성장 과정에서 마음의 밭이 탁해지고, 결과적으로 신앙생활을 하기가 어려워질 수 있다. 그러나 헤드스타트와 같은 사회안전망을 통해 도움을 받고, 사람이 어려울 때 서로 돕는다는 생각을 가지게 되면 이들의 마음이 좀더 복음을 접하기 쉬운 마음의 상태가 될 것이다.

사회봉사에 대한 관심이 많은 한 교회가 사회봉사를 위해 예산을 마련하여 지역 초등학교 학생 중 점심을 먹기 어려운 학생들을 도우려는 계획을 세웠다. 20여 명의 학생들이 방과후 학교 프로그램으로 이 교회의 사회복지시설을 활용하였다. 아이들은 이런 도움을 받아 본 적이 없어 무질서하고 교회 교사들을 매우 힘들게 했다고 한다. 그래도 교회는 방과후 학교를 운영하면서 이곳에 온 아이들에게 식사 및 간식을 제공하고 학교의 숙제를 할 수 있도록 도와주었다. 교인들도 순번을 정해서 다양한 봉사를 하였다.

아이들 대부분의 부모님은 새벽같이 일터로 나가는 분들이었다. 새벽에 밥을 해 놓고 일터로 나가고 아이들은 시간이 되면 자기 스스로 일어나 모든 것을 챙기고 준비해야 한다. 하지만 초등학생은 자기 스스로 규칙에 맞게 생활하기에는 너무 어린 나이다. 그래서 때로 비가 오면 학교를 안 가고, 늦잠 자다 학교에 못 가는 경우도 발생한다. 학교를 결석하면 숙제나 준비물을 가지고 오지 않아 수업 시간에 집중하지 못하고, 그러다 점차 공부에도 흥미를 잃게 되어, 점차 학업에서 뒤쳐지게 되는 것이다.

그 교회의 교인들은 무엇이 변화되었는지 모른 채, 한마디로 정신없는 1년을 보냈다. 그러다가 조금씩 아이들이 학교에 가기 전에 이곳에 먼저 들르기도 하고, 오히려 학교보다도 그곳에 더 있으려는 모습에서 변화가 느껴지기 시작했다. 아이들이 관심과 사랑을 알아주게 된 것이다. 저녁이 되면 집에 가지 않고 그곳에서 잘 수 있냐고 물어보기도 하였다. 어느 날 학교 선생님이 그곳에 들러서 해 준 한 마디도 봉사하는 분들에게 힘이 되었다고 한다. 아이들이 조금씩 변하고 있다는 말을 해 준 것이다.

배고픈 자에게는 먹을 것을, 정서적으로 어려움을 당하는 사람들에게 정이 있다는 것을 보여 주고 알려 줘야 살아가는 데 희망을 가질 수 있다. 스스로 지탱할 수 없는 어린아이가 배가 고파 애타게 울 때 누군가 그에게 먹을 것을 제공한다면 아이는 이 세상이 희망을 가질 수 있는 세상이고, 탐색터, 놀이터이고, 모험과 도전을 해 볼 만한 곳이라는 긍정적인 생각을 하게 될 것이다. 하지만 그와 반대라면 아이는 자신 안에 갇혀 여유보다 집착으로, 자기중심적으로 살아간다. 그래서 더불어 살아야 하는 사회에서 우리를 생각하지 못하고, 나만 생각하게 된다.

공간(space)은 영성이다. 사람이 서로를 인정할 때 나와 너 사이에 공간이라는 자유로운 터가 생긴다. 그리고 이 자유로운 터에서 하나님이 만드신 영성을 생각한다. 더불어 살아가는 세상에서 상대에 대한 배려, 상대에 대한 존중이 서로를 행복하게 한다. 그러나 나와 너 사이에 공간이 없는 것은 우리 개인이 우리 자신에게 너무 집착함으로써 공간이 침해를 당하기 때문이다. 빽빽한 빌딩 숲은 숨쉴 여유를 제공하지 않고, 시각적 공간을 허락하지 않기에 우리는 그 공간에 질식되어 살아간다. 우리는 이러한 것을 영성이라고 말하지 않는다. 헤드스타트와 같은 사회복지 프로그램은 비록 이것이 기독교적인 색채를 띠고 있지는 않지만 인간의 기본, 인간애(humanity)에 대한 근본적인 것을 다루고 있기에 매우 중요하다. 필자는 이러한 프로그램이 한 인간에 대하여 사회가 가지는 존중에서 시작됐다고 본다.

존엄성에 대한 존중은 하나님에 대한 신앙에 기초하는 것이다. 생명이 하나님의 것이기 때문이다. 만일 내가 성장하면서 어려움을 당해도 어느 누구에게서도 존중받는 느낌을 받지 못했다면 어떤 감정이 그 사람의 마음속에 있을까? 반대로 내가 어려울 때 누군가 나에게 지속적인 관심과 배려를 제공한다면 내가 존중받는 사람, 내가 사랑받기 위해 태어난 사람이라는 인식을 분명히 가지게 될 것이고, 이것을 바탕으로 하는 사람은 하나님의 뜻에 가까운 사람이 되는 것이다.

10여 년 전 발생한 화성 씨랜드 사건을 기억하는 분들이 아직도 많으리라 생각한다. 유치원생 아이들이 그곳에 야영하러 갔다가 화재로 그중 수십 명의 아동이 사망한 참변이다. 그런데 이 사건이 발생하고 나서 당시 정권의 주요 인사들이 유족들에게 적극적 관심을 가지지 않았다. 그런데 이 유족 중에 과거에 우리나라 필드하키 선수였던 이가 있었다. 그녀는 아시안게임에서 은메달을 획득했고 이후에 호주로 이민을 간 후 여름방학을 맞이하여 큰아이를 이곳에 보냈다가 참사를 당한 것이다. 당시 정치인들이 유족들에 대한 관심과 위로가 소극적이자 분노한 이 어머니는 은메달을 받았다는 것을 수치스럽게 여긴다면서 은메달을 반납했다. 당시 신문과 대중매체에서 이를 보도하면서 국민들이 들끓자, 국회의원들이 뒤늦게 사고 현장을 방문해서 위로를 전하는 어처구니없는 일도 발생했다.

정치인들은 한 나라의 국민을 대변하고 국민이 살아갈 수 있는 사회구조를 만들어 주는 것이 가장 큰 의무다. 일종의 상징과도 같은 존재다. 국민은 상징을 통해서 개인들이 누리지 못하고, 성취하지 못한 한과 슬픔을 승화시키는 것이다. 그들이 그 화재 사건 현장을 방문했다고 해서 그 사건이 잊혀지거나, 슬픔이 없어지지는 않는다. 다만 대표자가 국민의 아픔을 함께했다는 사실에 큰 위안을 받는 것이다. 교회와 교회 지도자 그리고 기독교인들은 이 시대의 상징이다. 종교성이 퇴색되어 가는 현대 사회에 살고 있지만 그래도 사람들의 마음속에는 잊혀져 가는 종교성과 인류애의 보루라는 생각 때문에 무의식 중에라도 그 상징들이 할 역할을 기대하고 있다. 예수님의 말씀처럼 우리는 숨겨질 수 없는 등상 위의 불과 같은 존재다. 그래서 사람들이 인간성이 말살되어 가고, 각박한 경쟁 속에 불의와 거짓이 난무한 이 세상에 교인과 지도자들이 어떤 선한 일을 할 것인가에 대해 일말의 기대를 가지는 것이다.

얼마 전 일산에 있는 한 장애인 교회에 대한 보도가 뉴스에 나왔다. 장애를 가지고 힘들게 살아가는 사람들을 위한 교회였는데, 이 교회가 화재 피해를 입었던 모양이다. 그런데 인근 주민들이 교회 화재 소식을 듣고 자신들이 모금을 해서 재건에 도움을 주려고 한다는 소식이었다. 주민들은 어느 누구라도 장애인들을 보호해 줘야 하는데 우리들을 대신해서 교회가 해 주고 있으니, 교회를 도와주려고 한다는 것이다. 또 한 교회는 규모가 점점 커져 교회를 증축하려고 계획했지만 주민들의 반대에 부딪히게 되었다. 주민들은 예배 때마다 주택가 골목과 주변이 주차난으로 복잡하고 불편하다고 했다. 주민들이 가진 불만은 그 불편은 감수해 주고 있음에도 불구하고 교회가 지역사회에 대해 봉사하는 역할이 전무하다는 것이었다.

앞서 예로 든 화성 씨랜드 사건이 발생한 2개월 후 미국 인디애나주에서는 유색인종을 혐오하던 한 백인 남성이 총으로 유색인종 수명을 살해한 사건이 발생했다. 그중에는 한국에서 유학을 와 한 대학 박사과정에 입학 예정이었던 젊은이도 있었다. 너무나 젊은 나이에, 꿈을 실현하려는 찰나 이국 땅에서 숨지고 말았다. 그리고 얼마 후 피살 사건이 났던 그 도시의 시장이 한국에 있는 젊은이의 부모를 찾아왔다. 그는 도시를 대표해서 사죄와 용서를 빌었고, 다시는 이러한 범죄가 발생하지 않도록 노력하겠다고 다짐하였다. 필자는 시장의 행동에 큰 감명을 받았다. 그 먼 길을 찾아오지 않아도 될 텐데, 장거리를 비행해 와서 부모를 위로하는 그 마음이 씨랜드 사건을 대했던 한국 정치인들과는 태도가 너무나 달랐다. 그는 이 부모들을 당시 학생이 입학할 예정이었던 학교로 초청해서 유색인종 혐오에 반대하는 촛불집회에 오도록 초대했다. 필자는 일련의 과정을 보면서 그 시장의 마음속에 있는 시간과 공간을 초월한 인류애와 중심에 있는 공간의 영성을 보았다.

교회와 기독교인이 사람을 건강하게 하고 사람을 사람되게 할 수 있는 사회망에 관심을 기울여야 하는 것은 이것이 기독교 정신과 직접적인 연관이 있음은 물론이요, 사람들에게 복음을 접할 수 있는 기본적 토양을 만들어 주는 작업이기 때문이다. 요즈음 TV에 나오는 기업 광고를 보면 이 시대가 얼마나 사회기여에 관심을 가지고 있는지 잘 알 수 있다. 과거에는 기업의 위상과 규모를 광고했지만, 이제는 기업이 수익을 가지고 어떻게 사회에 기여하고 있는지를 적극적으로 드러낸다. 이제 소비자들은 이런 광고로 기업에 대한 평가와 인식을 하는 시대가 되었다. 교회와 기독교인들이 국민들의 인식을 바꾸기 위해서 사회망에 대한 관심을 가져야 하는 것이 아니라, 이미 기독교의 전통 속에 흐르고 있었고, 예수님의 일생과 사역이 그것을 이미 말씀하셨기 때문임을 기억해야 한다.

Chapter 16

엘리트주의와 기독교 신앙

'머리가 되게 하시고, 꼬리가 되지 말게 하옵소서.' 라고 하는 기도의 내용은 우리가 기도할 때 많이 쓰는 문구 중 하나다. 하나뿐이고, 한 번뿐인 인생을 바르게 잘 살아 가는 것은 정말 중요하다. 머리가 된다는 것은 다시 말하면 엘리트, 지도자가 된다는 의미다. 하지만 이 엘리트라는 용어는 우리사회에서 일종의 특권계층으로 인식되고 있을 뿐, 이 특권계층들이 국민들과, 어려운 사람들과 함께 살아가는 사람이라는 뜻은 상실된지 오래인 것 같다. 취직을 원하는 젊은이들이 대기업에 들어가기를 원하지만, 기업의 엘리트라고 할 수 있는 대기업은 중소기업들이 해야 할 사업들에 마구잡이 형태로 뛰어들어 자신들의 영역을 거미줄 치듯이 넓혀가고 있는 마당이다. 그래서 우리 사회에서 엘리트라는 의미는 특권층, 힘과 자본을 가지고 있는 계층으로, 서민과 동떨어진 이미지를 가지고 있다. 규제 때문에 중소기업을 돌아보려는 태도는 대기업에게 좋은 이미지를 주지 못한다. 큰 사람은 법의 규제에 관계없이 자신이 가진 유무형의 것들로 작은 자들을 배려하는 데 진정성을 가지고 참여해야 한다. 소유란 베풂과 배려를 위한 수단이기 때문이다.

성서가 말하는 '머리'의 의미는 무엇인가? 우리는 세속적인 엘리트주의와 성서가 언급하는 엘리트의 차이를 분명히 알아야 한다.

엘리트를 말하기 전에 엘리트에 대한 사회적인 인식이 필요하다. 한 분야에 최고의 사람으로 서는 것은 각고의 노력 끝에 되는 것이 분명하다. 그러나 자기가 엘리트가 되기 위해 자기 뒷자리에 서 준 사람에 대한 이해를 하고 있는 사람이어야 한다. 들판에 피어 있는 장미는 만일 그 주변에 잡초와 무성한 풀이 없다면 그 아름다움이 돋보이지 않았을 것이다. 30명 있는 반에서 1등을 한다는 것은 그 뒤에 있는 29명이라는 사람 덕분이다. 한 국가의 대통령은 국민이 있기 때문에 가능한 것이다. 국민 없이 무인도에 대통령이 있다면 아무런 의미가 없다.

한 단축 마라톤 대회에 아들과 함께 참여한 적이 있다. 뛰기 전에 연예인 및 각계 저명인사들이 와서 마라톤의 의의를 설명하고 참여자들을 격려하는 멘트를 했다. 그런데 출전자들이 출발선에서 대기하면서 각계 인사들의 인터뷰를 듣고 있는데, 그때 예정에 없던 사람이 갑자기 나타나 사회자와 이야기를 하더니 5분 정도의 시간을 할애 받아서 자신을 설명하였다. 그런데 시간이 점점 길어지면서 자신이 과거 국회의원이었을 때 어떤 일을 하였는가를 장황하게 설명하기 시작하였다. 결국 참다못한 선수들이 목소리를 높이며 강단에서 내려오라고 고함을 쳤다.

아버지가 사업하는 것을 보고 성장한 한 자녀가 있었다. 보고 자란 것이 사업을 하는 것이었으니 성장 후에 이 자녀도 작은 사업을 시작했다. 초기에는 순조로웠지만 시간이 지날수록 매출도 감소하고 직원간 인간관계도 나빠졌다. 결국 아버지에게 어떻게 사업을 해야 할지에 대한 조언을 구하였다. 아버지는 그에게 사업을 하기 전에 직원들에게 관심을 기울이라는 말을 해 주었다. 직장에서의 일만 보지 말고, 그 사람들이 지금 어떤 사정과 형편에 있는지, 가족의 문제는 없는지를 살펴서 그러한 일들을 도와주라는 조언을 받고 그대로 했다고 한다. 그런데 정말 시간이 지나면서 사업이 다시 일어나고 활기를 되찾았다는 것이다. 엘리트 또는 한 단체의 책임을 진 사람은 지배성이나 일방성을 보이는 것이 아니라, 함께 더불어 잘 살아갈 수 있는 방향을 제시하는 사람이다.

성서가 우리에게 지적하는 머리/엘리트는 세속적 의미와는 많은 차이가 있다. 일단 엘리트는 어떤 의미에서든지 '힘' 이라는 것을 가지고 있기 때문에 세 가지 차원에서 이해가 되어야 한다. 첫째는 구조자(structuer)다. 힘을 가진 엘리트는 구조에 대한 변형을 시도할 수 있다. 건축에서 건물과 내부의 구조를 어떻게 구성하느냐에 따라 그곳을 이용하는 사람들이 큰 영향을 받는다. 잘못된 구조를 가지고 있으면 그 구조 안에 들어가는 사람들이 고통을 당하게 된다. 집의 구조가 매우 이상한 아파트에 산 적이 있다. 방 두 개가 이어져 있는데 이 방들은 출입구가 한 곳만 있어 작은 방에 가려면 큰 방 침실 통로를 이용해야 하는 구조였다. 이 구조 때문에 손님들이 와서 기거할 때면 서로 민망하고 불편했던 기억이 있다.

엘리트는 사람이 살아가는 유무형의 공간을 형성해 나가는 책임을 지는 사람이다. 사람과 사람 사이에는 적절한 공간이 있어야 하고, 사람과 건물 사이에도, 건물과 건물 사이에도 적절하게 배려된 공간이 있어야 한다. 너무 밀착되면 사람과 사람 사이가 복잡해지고, 건물은 그저 먹고 자는 장소일 뿐, 그 어떤 것도 제공하기 어려운 건물이 된다. 자연에 풀과 돌과 나무들이 제자리만 지키고 있어도, 그것을 바라보는 우리는 변함없는 공간의 위력을 느낀다. 우리는 복잡하고, 사람과 사람이 부딪히고, 경쟁적인 사회구조에 있다 보니, 많은 것을 잃으며 살아가고 있다.

간혹 기회가 있어 서구 선진국에 가면 돌아오고 싶지 않을 때가 있다. 자연과 사람들이 잘 어우러져 있고, 그 자연 위에 적정한 거리를 두고 건축된 주택과 건물들, 그리고 그 주변과 사이를 움직이는 사람들의 얼굴에 있는 여유로운 웃음에서 자연과 인간이 조화를 이루는 공간의 영성을 본다. 이러한 것은 잘 조화된 자연과 인간, 건물이 그 국민들에게 선사하는 정서의 선물이다. 건축에 있어서 구조를 잘하면 사람이 사는 데 편안함을 누릴 수 있는 것처럼, 구조자가 해야 하는 일들은 원칙과 법에 대한 바른 구조를 형성해 가는 데 힘을 쓰는 사람이어야 한다.

한 나라의 문화 수준은 국회와 의원들이 어떻게 움직이는지를 보면 판단할 수 있다. 국민을 대표하는 기관이 국민과 어떻게 소통하고, 국민들이 노력하는 자들에게 공평하게 땀의 대가를 줄 수 있는 법을 만들어 내고, 반대로 잘못된 일들에 대해서는 지위에 관계없이 공정하게 법을 적용하는 것이다. 구조자의 해야 할 일은 정치에 대한 것만이 아니라, 종교계를 비롯한 모든 분야에 해당된다. 특별히 기독교는 일부 잘못된 교회에서 구조자의 위치에 있는 목회자들이나 당회가 교회를 잘못 운영을 하면 교인들이 힘들어하는 구조도 생길 수 있다. 그래서 구조자는 자신의 입장에서가 아니라, 대중과 국민들이 인생의 과정에서 편함과 공정을 느낄 수 있도록 해야 한다.

둘째는 변형자(transformer)다. 변형자는 악을 선하게 변화시키는 것을 의미한다. 모든 악한 것과 추한 것과 사람이 하나님의 뜻을 왜곡케 하는 악한 것들을 녹여서 선하게 해야 한다. 이것은 악한 것의 근원을 뿌리 뽑는다는 의미도 되지만, 악한 에너지를 어떤 동기를 통해서 용해시켜 선한 것을 향하게 하는 것을 뜻한다.

요사이 K-Pop이 인기이다 보니 각 방송사에서 음악 오디션을 통한 인재 발굴과 K-Pop의 대중화에 전력을 다하는 분위기다. 한 심사위원이 출전자들에게 한 말이 인상적이었다. 그는 노래를 정말 잘하는 것은 노래를 그냥 부른 것이 아니라, 그 노래가 가수에게 와서 가수의 마음을 움직인 것이 보이도록 부른 것이라고 했다. 엘리트가 되어 변형자의 역할을 잘 수행함으로써 새롭게 변형된 가치가 교회와 국민의 마음속에 흘러들어 마음을 움직이고, 그 가치를 향해 살 수 있도록 하는 것이 엘리트 변형자의 몫이다.

앞에서 말한 구조자가 정치적 · 조직적 의미가 강하다면 변형자는 문화적 코드가 있는 엘리트를 의미한다. 21세기는 낭만을 기초로 한 감성의 시대로 들어가는 것이다. 이 감성의 시대에 사람들에게 호소할 수 있는 것은 문화다. 그리고 이러한 코드가 이미 교회의 예배와 찬양에 다양하게 나타나고 있다. 문화적 코드의 사명을 가진 엘리트는 문화적 코드를 읽을 뿐만 아니라 문화적 코드를 형성해서 국민들의 감성이 더 바람직한 방향으로 움직일 수 있도록 해야 한다.

문화는 감성을 건드리는 코드다. 그런데 고전적 해석에 의하면 문화는 종교의 형식이고, 종교는 문화의 내용이다.[1] 고대로 갈수록 문화를 일으킨 근원적인 요소는 종교와 밀접하게 연관되어 있고, 이 양자는 내용과 형식이라는 것으로 연관되어 있었다. 시카고 대학교의 종교학자인 미르체아 엘리아데(Mircea Eliade)에 따르면 고대인들이 추구하는 삶의 목표는 신성(神性)과 일치하는 것이었다. 현대인들이 기술 문명에 의하여 다 잊어버리고, 어쩌면 무의식적 상황이나 극한 상황에서만 찾을 수 있는 종교성이 고대인들에게는 생활의 전부요, 삶의 목표였다. 현대 문명의 피상적 정보와 기술 문명의 혜택과 발달로 도시는 비대해지고, 밤의 불빛은 꺼지지 않는 대신 밤하늘의 별빛을 더 볼 수 없는 시대가 되었다. 불이 더 켜질수록 밤하늘의 빛은 더 희미해지는 것이다.

1970년대 미국의 상황을 설명한 한 신학자의 글은 현재의 우리 상황을 이해하고 어떤 방향을 잡아야 하는지 도움을 준다.

> 인생에 많은 즐거움이 있을 수 있기에 (미국) 청소년의 정체성에 대한 필요조건은 먹고, 마시고, 성적으로 즐기는 것이다. 물론 이 쾌락의 철학은 인간과 삶의 관점에 대하여 믿을 수 없을 정도로 단순화한다. …… '활기차게 살아가는 인생' 은 유행하는 옷, 음식과 술, 영화, 책과 음악이 있는 풍요로운 사회에 의

해 제공되는 쾌락의 자기중심적 추구를 의미하는 것으로 나타난다. …… 근본적으로 인간은 소비자이며, 그의 소명(vocation)은 자신이 즐길 수 있는 소비를 극대화하기 위하여 사건과 사람을 조정하는 일이다. 이것은 인생이 계속적인 만족의 순간을 위해 조건을 제공하는 것 외에는 어떤 진지한 것에도 헌신하지 않으려는 것이며, 만족은 단순하고 천박한 방법으로 이해된다.[2]

감성 코드가 중심이 된 문화의 역기능을 잘 설명한 글이라 생각된다. 감성만이 문화를 지배해 버리면 사람의 생리적 구조는 쾌락이 지배한다. 그래서 진지한 것에 대해 생각하지 않으려 하고, 진지함에 대한 헌신이 성립되지 않기에, 근원적인 만족을 제공하지 않는 감성에 몰두했기 때문에 자기중심적 쾌락주의에 빠지게 된다. 수백 개의 TV 채널이 공급되고, 여기저기서 정말 다양한 프로그램이 운영되지만, 필자의 생각으로는 아직 우리의 문화 코드는 이 글에서 지적한 1970년대 후반의 미국 사회의 현상과 유사하지 않나 생각한다. 진지함보다는 웃고 즐기는 것에 몰두하는 분위기다.

목회상담학자 하워드 클라인벨(Howard Clinebell)은 등대 비유를 통해 종교를 잃어버린 현대인의 속성을 드러낸다. 지금도 항구도시에 가면 수많은 위락시설들이 즐비하고, 유난히 밝은 상점들이 많이 있다. 항구도시의 유래는 등대에서부터 시작한다. 사람이 없고, 도시가 형성되기 이전에 항구 주변에 살던 사람들은 가끔 바다에서 사고가 나서 표류하는 배와 사람들을 보고 이들에게 도움을 줄 생각을 하였다. 그래서 난파선과 표류하는 사람들을 구할 수 있는 자원봉사자들을 모집했고, 어두운 밤바다에서 빛을 볼 수 있도록 육지와 바다가 만나는 지점에 등대 건물을 만들고 불을 밝혔다. 자원봉사자와 어려운 사람들을 구하려는 마을 사람들의 열정은 시간이 지나면서 점점 퇴색되었다. 자원봉사자 대신 돈으로 사람을 구해서 이 일을 하도록 했고, 하나둘씩 모인 사람들은 돈이 되고 그곳에 모인 사람들의 무료한 시간을 달래줄 수 있는 위락시설을 만들기 시작했다. 그래서 화려한 항구도시의 모습에 사람들이 매혹되지만, 그 기원이 어디에 있는지 알려는 사람은 그리 많지 않다.

문화의 근원이 종교와 종교성에 있기에 고대인들은 어디를 가나 신비감 속에 살았지만 현대인들에게는 잊혀진 등대처럼 어쩌면 문화라는 코드만 우리에게 던져진 것 같은 느낌이다. 종교성이 잊혀진 문화의 핵심적인 코드는 '사랑' 이다. 프로이트에 의하면 문명을 일으키는 가장 핵심적인 요소는 '에로스(eros, 사랑)' 인데, 이 에로스의 내부적 요소를 구성하는 것이 '쾌락 원칙(pleasure principle)' 이다. 이 에로스는 현대문명에서는 사람들이 수용하는데 별 반감을 가지지 않도록 하기 위해 '미(beauty)' 와 '매력(attraction)' 이라는 것으로 나타나기 때문에 이것들에 대한 이해 없이는 문명에 대한 이해를 하기 힘들다고 본다. 성의 법칙이 현실적으로 표현되면 쾌락 원칙에 위배되기 때문에, 현실에서 수용할 수 있는 원칙에 입각하여 사람은 미와 매력이라는 우회적인 표현을 선택함으로써 자신이 당할 수 있는 혐오성을 극복한다. 그렇게 해서 현실적으로 성은 자신을 미와 매력의 모습으로 가장한다. 이것은 현실적으로 보수적일 수밖에 없는 본능이 외관적 변화와 진행에 대하여 속임수적 외모

(deceptive appearance)를 가지고 있지만, 내부적으로는 고대로부터 되풀이되는 인간의 행위를 반복한다는 것이다.[3]

지그문트 프로이트(Sigmund Freud)의 심리학에 의하면 에로스의 기반을 제공하는 본능(id)은 매우 거칠고, 동물적이며, 조절이 잘 되지 않는 원시적인 것이다. 그리고 이것은 과거의 인간에게도 있었고, 현재에도 있고, 미래에도 있을 것이다. 즉, 인간이 이 땅위에 존속하는 한 이 본능은 지속한다. 그래서 이 본능과 연관된 성에 대한 문제가 프로이트에게는 최대 관심사였다. 에로스가 본능의 뿌리를 두고 있음에도 불구하고, 그의 심리학의 최종의 목표는 초자아(superego)다. 본능을 통제하여 현재나 내(ego)가 생활할 수 있도록 하는 것이다.

사람은 본능에 의해서만 살아갈 수 없다. 보통 성인이 가진 본능을 음식, 수면 그리고 성 본능으로 보는데, 이는 건강한 성인에게 중요한 것이지만, 본능이라고 해서 사람이 여기에만 몰두하고 산다면, 이 몰두로 인해 사람되게 살 수 없다. 그래서 가정교육, 학교교육, 기독교 등의 교훈을 통해 형성된 도덕적 초자아와 본능의 싸움에서 그 중간점을 찾아 인간이 현재를 살아갈 수 있도록 만드는 것이다.

문화가 감성의 코드이고, 이 문화가 매력, 미, 또는 세련이라는 것으로 포장되어 현대인들에게 용이하게 접근하고 있다. 엘리트인 변형자는 문화의 바른 코드를 찾아야 한다. 문화의 기원이 인간과 분리할 수 없는 하나님과 그 세계에 대한 종교적 매트릭스(religious matrix)임을 수용하고, 이 감성의 시대는 변형된 문화를 통해서 사람의 속에서 잊혀지고, 무의식 층에 침전되어 있는 종교적 코드를 끄

집어내어야 한, 이 코드는 현대의 해석으로는 인간애(humanity)에 대한 매트릭스로 되어야 한다. 그리고 현대인들은 이 종교적 메트릭스가 잊혀지는 가장 중요한 원인 중 하나는 종교성을 빙자한 권위와 신성에 입각한 교리와 종교제도가 인간애를 메마르게 한 것이었음을 보아야 한다.

인간의 에로스적 본능이 초자아를 통해 조절을 받아야 현실성을 가지는 것과 같이, 현대의 문화적 감성 코드도 종교성에 의해 재조정되어야 한다. 종교성에 영향을 받아야 하는 것은 인간이 가진 삶의 욕구가 문화에 표현되는 동안, 인간의 최종점이 되어야 하는 죽음에 대한 반추가 있는 문화가 필요하다는 점이다. 사랑이 이별과 함께 공존할 때 개인과 문화에 깊이가 더해지는 것과 같이, 삶은 죽음이라는 코드에 의해 반영이 되어야 건강한 인간과 문화가 형성된다. 왜냐하면 한쪽만 바라보거나 추구하는 것은 균형성을 깨트리는 일방성이기 때문이다. 죽음을 생각하지 않은 삶이 부조화를 내리는 것처럼, 문화적 변형자로서의 엘리트는 감성의 코드에서 종교적/인간애적 매트릭스로 변형할 수 있는 사람이어야 한다.

셋째로는 구조자(saver)다. 기독교 엘리트는 자신을 필요로 하는 사람들에게 정신적, 물질적으로 도움을 줄 수 있는 사람이어야 한다. 현실의 문제에 도움을 주어 그 곤경을 이겨내도록 지원해 주는 것이다. 누구에게 도움을 베풀 수 있다는 것은 선천적으로/후천적으로 자신의 능력을 통해 획득한 것이 있기 때문이다. 100m를 9초대에 뛸 수 있는 사람은 선천적으로 이미 결정되어 있다. 이런 능력을 바탕으로 자신의 후천적 노력이 더해져서 이런 기록을 낼 수 있는 것이다. 아무리 단거리 달리기를 좋아해도, 아무리 후천적 노력을 해도 이러한 선천적 재능을 받지 않는 사람은 절대 그 기록을 낼 수 없다. 이러한 점에서 어떤 분야에 탁월성을 가지는 엘리트는 이미 선천적으로 좋은 조건을 가지고 태어난 사람이라는 점을 상기해야 한다. 그런 반면에 선천적으로 열악한 조건을 가지고 태어난 사람들이 있다는 것을 생각해야 한다.

심리학자 알프레트 아들러(Alfred Adler)는 모든 인간은 성공이라는 우월성을 추구하는 본능을 가지고 있다고 했다. 이러한 우월성을 추구하는 과정에서 위로 올라가기도 하고, 밑으로 내려가기도 하는 과정을 겪는다. 그런데 우월성을 가지고 성공을 추구하는데, 자신의 성공을 개인적 우월성이나 힘을 실현하는 것으로 생각하는 사람들은 신경증적 문제가 있다고 본다. 신경증적인 성공이란 불안과 두려움이 주가 되어 개인을 괴롭히기 때문에 성공은 자기 혼자만이 가지는 것으로 생각한다는 것이다. 건강한 성공관을 가진 엘리트는 자신의 성공이 이웃과 함께(with others), 이웃을 위하여(for others)라는 생각을 가지고 있는 사람이다. 자신이 그러한 자리에 있기 까지 수많은 사람들이 배후에 있었고, 보이지 않는 이들이 있었기 때문이다. 그래서 성공과 우월성이라는 것은 반드시 사회와 이웃과의 관계 속에서 정립이 되어야 건전한 성공관이 되는 것이다.

사람은 태어나서 일정 기간 부모나 부모를 대신하는 사람들로부터 보호를 받을 수밖에 없는 존재이다. 그러나 이 시기가 지나고 청년으로 들어오면서 이제는 서서히 받은 것들을 사람들과 사회를 위해서 헌신하는 시기를 가져야 한다. 오히려 청장년이 되면서 이러한 헌신을 가지기보다는 성장 과정에서 조금씩 이루어지는 것이 성인이 되어서 헌신하는 인물이 되는 데 부족함이 없을 것이다.

엘리트는 잘못하면 같은 류의 사람만 모이는 우를 범할 수 있다. 엘리트가 되는 것을 누구나 소원을 하지만, 기독교가 정의하는 엘리트는 자신만을 위한 엘리트가 결코 아니다. 사회와 이웃을 생각하지 않는 엘리트는 무익하다.

후주

1 이것은 20세기 실존주의 신학자 파울 틸리히(Paul Tillich)가 정의한 문화와 종교의 관계다.

2 Perry LeFevre, *Understandings of Man* (Philadelphia: Westminster, 1977), p. 16.

3 임경수, 심리학과 신학에서 본 인간 이해(서울: 학지사, 2009), p. 44.

Chapter 17

새로운 피조물의 신앙

바울은 로마서를 통해서 새로운 피조물(new being)에 대하여 언급하고 있다. 그런데 새로운 피조물이 된다는 것은 어떤 것일까? 그리고 새로운 피조물이 되기 전 인간의 실존 상태는 어떠한 것일까 하는 생각을 해 본다. 새로운 피조물이 된다는 것은 이전의 삶의 목표와 새 피조물이 된 후 삶의 가치관과 목표가 완전하게 달라졌다는 것이다. 심리학적 관점에서 바울이 말하는 새로운 피조물과 옛 사람과의 사이에 있는 것은 '죽음'을 통한 '삶'의 가치에 대한 철저한 반성과 회개라고 생각한다.

톨스토이의 단편 중 〈이반 일리치의 죽음〉이라는 작품이 있다. 톨스토이가 중년에 자신의 친척 중 젊고 유능한 사람이 불치의 병으로 죽어가는 과정을 목격했고, 프랑스 파리를 여행하던 중 교수형을 집행하는 광경을 목격한 후에 쓴 소설이다. 이 소설의 주인공인 이반 일리치는 젊고 유망한 사람이었다. 그렇지만 암에 걸려서 집안에서 병상생활을 하게 되었다. 병 초기에는 아내와 딸, 그리고 직장 동료들이 그를 찾아와서 위문을 하였지만 병이 깊어지고 장기화되자 이들은 더 이상 그에게 관심을 가지지 않았다. 심지어 아내와 딸도 그랬다. 그런데 이 집안에는 이반 일리치가 건강할 때 사람으로 취급도 하지 않은 두 사람이 있었다. 한 명은 하인 게라솜이다. 이반은 건강할 때 이 하인을 불학무식한 놈이라고 하면서 사람 대우를 해주지 않았다. 그러나 게라솜은 병상의 일리치를 존중해 주는 유일한 사람이었다. 또 한 사람은 자신의 막내아들이었다. 이제 엉금엉금 기어다니는 이 아이는 너무 어려서 눈에 띄지 않는 존재였다. 그러나 이반이 고통에 소리를 지르고 몸부림을 칠 때 침상까지 기어와 자신의 손을 잡아 준 이는 이 아들이었다.

톨스토이가 자신의 이 작품을 통해 고발하고자 하는 것은 건강하게 살아 있을 때 보는 모든 것은 거의 다 거짓이라는 사실이다. 많은 것이 상실되고, 특별히 죽음에 가까이 가게 될 때 사람은 세상의 진정한 것을 볼 수 있다는 사실을 고발하고 있는 것이다. 그리고 이것은 우리가 건강할 때 볼 수 없었던 것들의 진정을 알게 하는 것이다. 심리학자 카를 융(Carl Jung)은 우리가 인생의 전반에 가치 있다고 생각했던 것이 인생의 후반에는 가짜였음이 밝혀진다는 의미심장한 말을 남겼다.

우리가 죽음을 직간접적으로 경험해 보지 않는 이상 살아가는 것에 대한 감사함이나 그 가치를 깨닫기는 어렵다. 다만 점점 나이가 들어가면서 주변 사람이 보이기 시작하고, 자연이 눈에 들어오기 시작할 수는 있다. 젊었을 때 무심히 지나친 것들이 이제는 중요한 관심사로 바뀌기도 한다. 그러나 성서에서 바울이 이야기하는 새로운 피조물은 이러한 노화 과정에서 나타나는 세상과 사람에 대한 관점 변화보다도 더 적극적인 의미가 있다.

실존주의 심리학자 어빈 얄롬(Irvin Yalom)은 특별히 암으로 투병하는 사람들과 상담을 많이 했다. 암은 죽음과 가장 가까운 거리에 있는 질병이기에 이 질병을 가진 환자들에게는 죽음이 매우 실제적으로 다가온다. 그는 일반인들이 삶을 소중히 여기지 않는 가장 큰 이유는 개인들이 삶에서 죽음을 배제하며 살기 때문이라고 지적한다. 그러나 금문교에서 자살을 시도하다가 구조된 사람들을 인터뷰해 본 결과, 10명 중 6명 정도가 죽음의 문턱에서 살아나 삶에 대한 귀중함을 깨달았다고 한다.[1] 암으로 투병하던 전 미국 상원의원 리처드 뉴버거(Richard Neuberger)는 일상의 변화를 다음과 같이 소개한다.

> 내가 역행할 수 없다고 믿었던 변화가 일어났다. 명성, 정치적 성공, 재정적 상태에 대한 질문들이 모두가 한 번에 무가치해졌다. 암에 걸렸다는 사실을 알았을 때 처음 몇 시간 동안 나의 상원위원 자리, 은행잔고, 자유로운 세상의 운명에 대하여 생각해 보지 않았다. …… 암이 내 몸 안에 있다는 진단을 받은 이후 나는 아내와 다툰 적이 없다. 과거에 나는 아내가 치약을 아래부터 짜지 않고 위부터 짜는 것, 옷을 사는 데 너무 많은 낭비를 하는 것에 대해서 불만을 제기하곤 했지만 지금은 그런 일

에 관심을 가지지 않는다. 왜냐하면 이런 일은 살아가는 데 관계가 없으니까. 그 대신 병을 얻기 전에 당연하게 생각했던 것들, 즉 친구들과 함께하는 점심 식사, 고양이가 귀를 긁는 소리, 침실 램프 아래에서 조용히 책 읽기, 케이크 한 조각, 오렌지 주스 한 잔을 위해 냉장고를 여는 것 등에 대한 고마움을 느끼게 되었다. 나는 정말로 생애 처음으로 인생의 의미를 맛보고 있다고 생각했다. 그리고 나는 불사의 존재가 아니라는 것을 깨달았다. 내 인생 중 건강이 좋았을 때 가진 거짓된 자만, 인위적 가치, 그리고 터무니없이 경멸했던 잘못된 일을 기억할 때마다 몸이 떨린다.[2]

죽음을 가까이에서 체험한 뉴버거는 자신이 건강할 때 관심을 가지고 집중했던 것이 정말 삶을 가치 있고 보람 있게 살아가는 데 크게 중요하지 않다는 것을 알았다. 그리고 병을 얻은 후 일상생활에서 무심히, 그리고 때로는 아무런 관심 없이 스쳐지나간 일들을 오히려 가치 있게 느꼈다는 것을 보여 준다. 필자는 이것이 죽음의 경계선을 경험함으로써 일상에 대한 감사함을 회복한 것으로 이 사람의 가장 큰 소득이었다고 생각한다.

융은 자신이 생존했던 시대와(1960년대) 다가오는 세대의 큰 문제는 장수(長壽)와 무의미라고 했다. 의료와 주거시설, 좋은 음식의 공급을 통하여 사람은 과거보다 몇 배 긴 삶을 살 수 있는 시대가 되었는데, 현대인들이 왜 사는지에 대한 명확한 답을 찾을 수 없기 때문에 무의미해진다고 했다. 그는 인생을 전반과 후반으로 구분하였는데, 인생 전반에는 성공과 성취를 향한 욕구가 강해서 인생의 후반을 지배해 버리면서 발생하는 증상은 신경증적인 현상이 발생한다고 했다. 예를 들면, 인생 후반에 소유와 명예라는 것을 가지고 있지만, 그리고 그것이 인생의 답이라 생각했던 사람들이 후반에 들어서서 그것을 통해서 답을 얻지 못함으로써 발생하는 정신적 불안이 신경증이다.

큰 일을 수행함으로써 의미가 생기기도 하지만, 일상생활에서, 평범하게 지나치기 쉬운 오늘이라는 시간 안에서 의미를 느낄 수 없다면, 설혹 우리가 큰 성취를 했더라도 행복은 생기지 않는다. 그래서 융은 인생 전반에 성공에 대한 집착이 생애를 지배하였다면, 인생 후반의 어느 시점에 인간 세계가 인위적으로 조성한 그 성공이라는 것이 허위라는 것을 발견하게 될 것이라고 말했다. 현대에 성공신드롬(success syndrome) 증후군으로 자살하는 사람들이 늘어나고 있다고 한다. 성공 신드롬이란 인생에서 성공의 가도를 차질 없이 달렸던 사람들이, 나이가 들거나 어느 순간에 내려놔야 하는 시점에서, 그것을 수용할 수 없어 자살하는 것이다.

새로운 피조물이 된다는 것은 지금까지 가진 인생을 인위적인 관점에서 살았다면 이제는 원형의 관점으로 회복한다는 의미다. 그리고 이 원형의 관점을 회복한다는 것은 성공과 성취처럼 외적으로 치중했던 것을 버리고, 일상에서 돌아보지 못한 소소한 것의 귀중함과 생활의 재발견을 기본적으로 포함한다. 우리 사회와 집단으로부터 받은 잘못된 교훈과 가면을 순차적으로 벗고 원형의 근사치에 이르게 된다.

대니얼 레빈슨(Daniel Levinson)은 중년기에 관한 연구를 집중적으로 한 학자다. 노동자, 학자, 공무원, 글쓰는 직업을 가진 사람 10명씩, 여성의 경우도 거의 비슷한 사람들 50명을 대상으로 조사하였다. 그는 이들이 중년의 어느 시점에서 인생에 대한 물음을 제기하는 시기가 있다는 결론을 내렸다. 그 질문은 다음과 같은 것들이었다.

> 지금까지 살면서 나는 무엇을 하였는가? 나는 진정 나의 아내(남편), 아이들, 친구, 일 그리고 지역사회와 나 자신에게 무엇을 주었으며, 그들로부터 무엇을 받았는가? 나와 다른 사람들을 위해서 내가 진정 바라는 것은 무엇인가? 나에게 있는 최고의 재능은 무엇이고, 나는 그것을 어떻게 사용 혹은 허비하였는가? 내 인생의 꿈을 위해 그동안 무엇을 하였으며, 그 꿈을 위해 나는 지금 무엇을 가장 원하고 있는가?[3]

이것은 청년 시절에는 많이 하지 않았던 실존적인 질문이며, 인생을 회상하고 반추하며 반성하는 물음이다. 이러한 물음들이 본격적으로 제기되는 중년기 때부터 남은 인생을 좀 더 보람 있게 살기 위해 그동안 소홀히 했던 목소리(neglected vocies)에 주의를 기울여야 한다. 소홀히 한 목소리란 우리가 그동안 관심을 가지지 못한 영역을 의미한다. 레빈슨은 크게 두 가지의 영역을 말하는데, 첫째는 젊음과 늙음의 양극성이다. 인생을 좀 더 바르게 살기 위해서 젊음에 대한 생각만 하지 말고 인간이 늙어가는 과정을 겪을 수밖에 없다는 것을 긍정적으로 수용해야 한다. 젊음만 생각했을 때는 균형 상실로 인해 바른 가치관과 행동이 숙성될 수 없다는 것이다. 이 양극성은 삶과 죽음의 양극성과 같다. 사는 것만 생각하는 사람은 바르게 살 수 없다. 죽음 앞에 삶이 진지해진다. 사람이 죽음 앞에서 말하는 것이 가장 진실되다는 말처럼, 또 죽을 때 우는 새의 소리가 가장 아름답다는 중국 속담처럼, 삶이 죽음이라는 양극을 가지게 될 때 더 진지해지는 것이다. 둘째는 애착과 버림에 대한 것이다. 이제껏 소유하는 것에만 관심을 집중하였다면, 이제는 버림과 나눔의 정신을 가짐으로써 건전해질 수 있다.

새로운 피조물은 부활한 사람이 아니라 죽음을 경험한 사람이다. 우리는 부활의 가치에 대해서 말하지만, 죽음이 전제되지 않은 부활은 허구다. 우리가 죽음이라는 현실에 직면하여 썩어버릴 성취와 업적에 찌들어 있는 인위적 성공의 탈을 벗어버릴 때 부활 후 새로운 피조물과 직면할 수 있을 것이다.

새 피조물에 대한 생각은 기독교 신앙에서 가장 귀한 것 중 하나이지만, 새 피조물이라고 하면 그 사람이 새로운 사람이 되었다는 의미인데 어떤 관점에서 새로운 사람이라 할 수 있을까? 그리고 새로운 피조물이 되지 않았다면 그 현상은 어떤 것인가를 심리학적 관점에서 살펴보자.

발달심리학자 에릭 에릭슨(Erik Erikson)은 인생의 발달 단계를 8단계로 보았고, 그중 중년기를 7단계로 보았다. 이 중년기에 심신이 건강하여 긍정적 발달 단계에 있는 사람은 관대성(generativity)을 가진 사람으로 본다. 이 관대성을 가지는 데 있어서 중년기에 있는 사람을 핵심적으로 움직이는 두 가지의 요소가 있다. 하나는 불사성의 욕구다. 나이가 젊은 사람은 불사성에 대한 생각이 없다. 왜냐하면 젊은 열기 자체가 무제한적인 시간의 개념을 가지고 있기에 죽음에 대한 생각을 하지 않는 때문이다. 불사성은 인간이 가진 한계를 느낄 때 비로소 언급이 된다. 예를 들면, 신학자 파울 틸리히(Paul Tillich)는 인간이 가진 절대적인 한계성을 시간, 공간, 원인론(casuality), 본질(substance)의 개념으로 보았다. 시간은 현재라는 것이 없는 한계성이다. 모든 현재의 시간은 동시에 과거가 되어 버려 인간은 시간이라는 정해진 한계성에 직면한다. 공간은 사회적 공간과 지리적 공간이 있다. 흔히 사회인이 어떤 지위를 가지고 싶다는 자리에 대한 욕구를 가지지만 그 자리를 가지더라도 그것을 항구적으로 소유할 수 없는 것이 한계다. 언젠가는 병으로, 은퇴로, 또 어떤 이유로 자리에서 물러나야 한다. 비록 우리가 그 자리를 떠나기 싫어해도 이는 불가항력적인 요소다. 지리적 공간에 대한 요구는 집과 같은 건물이다. 한 평생 돈을 모아 집과 건물을 소유하여 안정과 부를 확보하지만 이 역시 영원한 것이란 없다. 알렉산더 대왕도 자신이 죽을 때 관 한쪽으로 자신의 빈손이 나오도록 주문했다고 하는데, 인생이 빈손으로 왔다가 빈손으로 간다는 것을 보여 주기 위한 것이었다.

둘째는 제한을 가진 인생, 남은 인생을 이왕이면 이 사회에 필요한 인물로(need to be needed) 살아가자는 욕구다. 누구나 현재를 살아가는 데 남에게 유익을 주는 인간으로 남고 싶다고 생각한다. 그래서 이 두 가지의 욕구, 불사성과 필요성이 중년기에 있는 사람에게 관대성을 가지게 하는 것이다. 이 관대성의 성향은 새로운 피조물의 심리적 특징을 잘 설명해 주고 있다.

관대성은 세 가지의 성향을 가지고 있고, 그 중심에는 '돌봄'(care)이라는 요소가 있다. 자신을 헌신함으로써 가족과 이웃에게 돌봄을 제공해 주는 것이다. 첫 번째 특징은 생식성(procreativity)이다. 자녀를 낳고 기르고 교육할 뿐만 아니라, 사회의 성장하는 존재들에게 돌봄을 제공한다. 둘째는 생산성(productivity)이다. 자신이 하는 일에 최선을 다해서 이 사회의 구성원들, 크게는 인류에게 공익이 되는 무언가를 만들어 내고자 한다. 자신의 분야에서 최고의 전문가가 되고, 그 결과로 사람들에게 공익을 미치는 것이다. 필자가 60년이 지난 라디오를 구입한 적이 있었다. 한국전쟁 때 수입한 것이라고 하니 나이가 정말 많은 라디오다. 그런데 만들어진 지 60년이 넘었는데도 라디오는 아직도 맑은 소리를 내어 필자를 감동시켰다. 누가 만들었는지는 모르지만 그 장인의 손길이 60년 후에도 느껴지는 것이었다. 셋째는 창의성(creativity)이다. 이것은 새롭게 세상을 느낀 사람이 후세들에게 자신들의 경험과 가치관, 인생관을 남기는 작업이다. 자신이 경험하고 느낀 것을 후대 세대에게 전수하고자 한다.

인류학자 마이클 엘더스(Michael Elders)가 원시 부족을 탐구한 이후 내린 결론은 만일 한 부족에 있는 자녀들이 그들의 부모와 어른들에게 의해 사랑과 살아갈 수 있는 기술을 전수받지 못하면 그 부족의 문화는 이 자녀들이 성장하면서 파괴된다고 했다. 기독교인 모두는 새로운 피조물이 되기를 고대한다. 그러나 새로운 피조물이 된다는 것은 현실적으로 어떤 것인지 막연하고, 때로는 새로운 피조물을 세상과 격리된 존재라고 잘못 이해하는 사람들도 있다.

새로운 피조물은 인간의 심리적 본능이 돌봄인 것과 같이, 인간의 탄생과 삶이 불안에서 시작하여 불안 가운데 있는 사람들을 돌봄의 본능으로 하나님 관계에서 회복하여 이 세상을 하나님의 나라에 가깝게 만드는 사람들이다. 그들은 이미, 그리고 매일 죽음과 삶을 경험하는 사람이기에 인간의 모든 것을 무로 돌리는 죽음 앞에서 성공과 성취가 얼마나 허망한 것인지 아는 사람이다. 죽음과 삶의 간격이 백지장과 같기에 삶에 집착하지 않고 행동하는 사람들이다. 부활을 꿈꾸지만 죽음 없는 부활의 허상과 거짓에 빠지지 아니하고, 매일 자신을 하나님 앞에 죽여 부활의 소망을 가지고 관대함으로 세상속에 돌봄을 제공하는 사람이다. 그 사람 안에 소년들이 살아 있고, 노인이 꿈을 꾼다. 새로운 피조물은 형이상학적인 개념이 아니라 몸과 영이 공존하는 현재, 삶과 죽음이 내 몸 안에 존재하는 현재의 존재다. 그는 자신의 몸에 그리스도의 흔적을 가지고 현재를 살아가지만 현실에 집착하지 않으며, 신앙을 가지되 교조주의와 권위주의에 빠지지 않고 사람을 먼저 생각하는 것이 하나님의 뜻임을 알고 영원에 잇대어 살아가는 사람이다.

후 주

1 Irvin Yalom, 실존주의 심리치료(*Existential Psychotherapy*), 임경수 역(서울: 학지사, 2007), p. 51.

2 같은 책, 재인용, 53.

3 임경수, 인생의 봄과 가을: 중년의 심리이해와 분석(서울: 학지사, 2005), p. 170, 재인용.

참고문헌

김영한(1985). 기독교신앙개설. 서울: 형설사.

임경수(2004). 인간발달 이해와 기독교 상담. 서울: 학지사.

임경수(2009). 신학과 심리학에서 본 인간 이해. 서울: 학지사.

임경수(2013). 인간발달 이해와 기독교 상담(2판). 서울: 학지사.

Balswick, J. (1991). *The Family*. Michigan: Baker.

Berger, P. (1970). *A Rumor of Angel*. Garden City, N.Y.: Doubleday Anchor Books.

Bowlby, J. (1961). *Child Care and the Growth of Love*. Baltimore: Penguine Books.

Buber, M. (1979). *I and Thou*. New York: Charles Scribner' s Sons.

Capps, D. (1983). *Life Cycle Theory and Pastoral Care*. Philadelphia: Fortress Press.

Capps, D. (1987). *Deadly Sins and Saving Virtues*. Philadelphia: Fortress Press.

Clinebell, H. (1975). *Growth Counseling for Marriage Enrichment*. Philadelphia: Fortress Press.

Clinebell, H. (1990). *Basic Types of Pastoral Care & Counseling*. Nashville: Abandon Press.

Edinger, E. (1992). *Ego and Archetype*. New York & Boston: Shambala.

Eliade, M. (1991a). The Sacred in the Secular World. *Cultural Hermeneutics* Vol. 2. (D. Rasmussen Ed.). Boston: D. Reidel Publishing Company.

Eliade, M. (1991b). *Waiting for the Down: Mircea Eliade in Perspective* (D.

Carrasco & J. M. Swanberg Ed.). Bounder & London: Westview Press.

Erikson, E. (1968). *Identity: Youth and Crisis*. New York: Norton.

Erikson, E. (1977). *Toys and Reason*. New York: Norton.

Freud, S. (1961). *Civilization and Its Discontents* (J. Strachey trans.). New York: W. W. Norton and Company.

Friedman, E. (1985). *Generation to Generation: Family Process in Church and Synagogue*. New York & London: The Guilford Press.

Fromm, E. (1964). *Man for Himself*. New York: Holt, Rinehart and Winston.

Jung, C. (1979). *Word and Image* (Bollingen Series XCVII: 2) (A. Jaffe Ed.). New Jersey: Princeton University Press.

LeFevre, P. (1977). *Understandings of Man*. Philadelphia: Westminster.

McAdams, D. P. (1994). *The Person: An Introduction of Personality Psychology*. New York: Harcourt Brace College Publisher.

McElory, D. (1963). *Existentialism and Modern Literature*. New York: Citadel Press.

Moltmann, J. (1993). *The Crucified God* (R. W. Wilson & J. Bowden trans.). Minneapolis: Fortress Press.

Peck, S. (1995). *The Roadless Traveled*. New York: Touchstone.

Rogers, C. (1980). *A Way of Being*. Boston: Houghton Mifflin Company.

Satir, V. (1999). 아름다운 가족(*The New People Making*). 나경범 역 서울: 창조문화.

Tillich, P. (1968). *A History of Christian Thought: From Its Judaic and Hellenistic Origins to Existentialism*. New York: Simon and Schuster.

Tillich, P. (1988). *The Spiritual Situation in Our Technical Society* (M. Thomas Ed.). Macon, Georgia: Mercer University Press.

Tolstoy, L. (1929). *My Confession, My Religion, The Gospel in Belief*. New York: Charles Scribner.

Tournier, P. (2011). 인간의 자리(*Place for You*). 김석도 역 서울: NUN.

Yalom, I. (2007). 실존주의 심리치료(*Existential Psychotherapy*). 임경수 역 서울: 학지사.

찾아보기

《인 명》

《내 용》

저자 소개

임경수

계명대학교 인문대학 교수.

미국 게렛(Garrett) 신학교에서 신학과 목회상담을 전공(M.Div. & M.T.S.)하였다. 노스웨스턴 대학교, 시카고 대학교, 시카고 칼 융 연구소에서 심리학을 공부하고 노스웨스턴 대학병원(Northwestern Memorial Hospital)에서 임상실습을 하였다. 이후 시카고 신학대학에서 박사학위(Ph.D.)를 받았다. 현재 한국기독상담심리학회 감독회원, 한국목회상담협회 감독회원, 한국임상목회교육협회 감독회원, 아동 · 놀이치료 수련감독으로서 개인상담, 가족상담, 집단상담, 교육분석을 하고 있다.

〈주요 저서〉

인간발달 이해와 기독교 상담(2판, 학지사, 2013)

인간관계심리학: 기본을 알면 사람이 보인다(시그마프레스, 2013)

심리학과 신학에서 본 인간 이해(학지사, 2009)

인생의 봄과 가을: 중년의 심리이해와 분석(학지사, 2005)

중년리모델링(CUP, 2002)

Male Mid-life Crisis: Psychological Dynamics, Theological Issues, and Pastoral Interventions (New York: University Press of America, 2000)

〈주요 역서〉

하나님의 방법으로 훈육하라(CUP, 2011)

실존주의 심리치료(학지사, 2007)

심리학이 모르는 기독교

2013년 6월 25일 1판 1쇄 인쇄
2013년 6월 29일 1판 1쇄 발행

지은이 • 임경수
펴낸이 • 김진환
펴낸곳 • (주) 학지사
121-837 서울특별시 마포구 서교동 352-29 마인드월드빌딩 5층
대표전화 • 02)330-5114 팩스 • 02)324-2345
등록번호 • 제313-2006-000265호

홈페이지 • http://www.hakjisa.co.kr
커뮤니티 • http://cafe.naver.com/hakjisa

ISBN 978-89-997-0149-8 93180

정가 13,000원

저자와의 협약으로 인지는 생략합니다.
파본은 구입처에서 교환해 드립니다.